画游西班牙
TOUR & PAINT SPAIN

易平凡 著

成都时代出版社
CHENGDU TIMES PRESS

目录：

上篇

002 亦惊亦喜巴塞罗那行 DAY1
012 亦惊亦喜巴塞罗那行 DAY2
020 亦惊亦喜巴塞罗那行 DAY3
030 亦惊亦喜巴塞罗那行 DAY4
040 亦惊亦喜巴塞罗那行 DAY5
050 亦惊亦喜巴塞罗那行 DAY6

120 西班牙自驾游 DAY6 内尔哈、马拉加
128 西班牙自驾游 DAY7 马拉加、龙达
136 西班牙自驾游 DAY8 龙达、科尔多瓦
144 西班牙自驾游 DAY9 科尔多瓦乡间风光
150 西班牙自驾游 DAY10 科尔多瓦、塞维利亚
158 西班牙自驾游 DAY11 塞维利亚市内
166 西班牙自驾游 DAY12 塞维利亚市内

110 西班牙自驾游 DAY5 格拉纳达、内尔哈

102 西班牙自驾游 DAY4 格拉纳达市内

094 西班牙自驾游 DAY3 阿利坎特、格拉纳达

084 西班牙自驾游 DAY2 瓦伦西亚、法尔佩、阿利坎特

074 西班牙自驾游 DAY1 法兰克福、巴塞罗那、瓦伦西亚

下篇

060 亦惊亦喜巴塞罗那行 DAY7

220 西班牙自驾游 DAY19 塔拉戈纳、巴塞罗那、法兰克福

214 西班牙自驾游 DAY18 萨拉戈萨、塔拉戈纳

206 西班牙自驾游 DAY17 马德里、萨拉戈萨

196 西班牙自驾游 DAY16 马德里市内

188 西班牙自驾游 DAY15 马德里市内

182 西班牙自驾游 DAY14 托莱多、马德里

174 西班牙自驾游 DAY13 葡萄牙瓜尔达、西班牙托莱多

画游西班牙：上篇

亦惊亦喜巴塞罗那行
YIJINGYIXI BASAILUONA XING

亦惊亦喜巴塞罗那行 DAY 1

2月

画游西班牙

01 02 03 04 05 06 07
08 09 10 11 12 13 14
15 16 17 18 19 20 21
22 23 24 25 26 27 28

📍 兰布拉大街；哥伦布纪念碑；巴塞罗那旧港

2月16日10时许，我们乘坐德国汉莎航空的飞机从法兰克福飞巴塞罗那。起飞时，机场跑道仍能够看到一条条雪道。飞机飞临巴塞罗那上空时，阳光穿过薄薄的轻雾，下面的森林清晰可见，郁郁葱葱，一副春日模样。一个多小时的航程，我们还来不及欣赏窗外不断变换的美景，飞机已经稳稳地降落在了巴塞罗那国际机场。

驱车前往位于市中心的旅店，放下行李，我们就迫不及待来到兰布拉（La Rambla）大街。兰布拉大街连接和平门广场和市中心加泰罗尼亚广场，是巴塞罗那最著名、最繁华、人流量最大的步行街，这儿能见到各种肤色、说各种语言的人，还有很多行为艺术家，扮成切·格瓦拉、列侬、

剪刀手爱德华……现场为游客作画的摊位一家接着一家,老远就可以看到成龙的碳精画像,看来成龙在西方世界的知名度非同小可。

兰布拉大道还有一道亮丽的风景,大街中央一排排餐桌餐椅,桌子旁边的玻璃罩里燃烧着熊熊的火焰,客人围着桌子喝咖啡,观街景,很是吸引眼球。兰布拉大街也是著名的"花市大街",2月的德国还寒意深深,但西班牙巴塞罗那的兰布拉大街已经是春意盎然,一家连着一家的鲜花店,各种鲜花竞相开放,姹紫嫣红,昭示着春天的来临。兰布拉大道从早到晚人流如织,摩肩接踵。

长长的兰布拉大道走到头就是高高耸立的哥伦布纪念碑，圆柱形纪念碑高达50米，碑身内配备电梯，直达顶端的瞭望台。塔顶矗立着美洲新大陆的发现者哥伦布的雕像。雕像巍然挺立，手指新大陆的方向。从某种程度来说，美洲新大陆的发现拉开了西班牙对南美殖民统治的序幕；然而今天，大批的南美移民操着西班牙语又来到哥伦布的故乡，历史好似一个又一个的轮回。站在哥伦布纪念碑下，不由想起了央视大型纪录片《大国崛起》，西方人的第一个强国梦由西班牙开始，而西班牙的强国梦则由哥伦布发现美洲新大陆开始。

哥伦布塔下直通巴塞罗那旧港（Port Vell），南欧的黄金海岸以及贝尔港。有人说，如果世界上有一个吸引男人眼球的天堂，一定不是泰国、古巴，而是巴塞罗那。在这个南欧度假胜地，海滩上满是穿比基尼的女郎。加泰罗尼亚的姑娘似乎天生就具有所有女性美丽的必备要素：性感的身材、健康的肤色、金色的披肩长发、艳美的脸庞……更重要的一点是，加泰罗尼亚女性热情奔放，她们的美是一种洋溢着活力和快乐的美。只不过我们来的季节还不是夏天，尚不能得见此番美景，这不能不说是个遗憾。

顺着哥伦布青铜像手指所指的方向，是当年哥伦布远航的出海口，现在是巴塞罗那港一个深水码头。密密麻麻的私人游艇让我艳羡不已，湛蓝的海水里停泊着一艘哥伦布出海时乘用的"拉尼亚"号帆船复制品，供游人参观。长长的海岸线铺着一条别具一格的彩色石板人行道，与惹人心醉的蓝色海洋仅隔一片十几米宽的金色沙滩。每隔一段路都有面向大海的石头座椅，情侣们双双对对，浪漫温馨，凸显了巴塞罗那人激情之外的柔情似水。

滨海大道两旁种植着高大挺拔的棕榈树，翠绿的阔叶随海风摇曳。我们随意地找到一处木椅，凭海临风。近处，停靠海港的船只密集，远方，蔚蓝色天际和大海融成一片；这边欣赏白浪拍岸的蓝色海洋，那边遥望芳草延绵的绿色城市；海鸥恣意地在人们的头上飞过，大胆地在游人如织的

地面上啄食；跨越海面的缆车在空中来往穿梭……好一派清新迷人的景象。我们东逛逛西瞧瞧，游走累了，就在装饰别致的咖啡馆里落座，细细品味香浓的咖啡，尽情呼吸略带咸味的海风，真希望时间就此定格。

踏着落日的余晖，我们恋恋不舍告别海港。在返回旅店的路上，我们与波盖利亚菜市场不期而遇。位于兰布拉大道旁的圣何塞菜市场，俗称波盖利亚菜市场，是巴塞罗那市内品种最多、各类摊位齐全的蔬果、肉类市场。这是一座金属结构的框架建筑，高大的棚顶下，摊位一个挨着一个，各类海鲜、新鲜蔬果、鸡鸭鱼肉，五光十色，应有尽有。市场内人来人往，呈现一派购销两旺的景象。最吸引我的要数鲜活的海鲜，大螃蟹被八脚朝天地摆在摊位上，两只大钳子在空中挥舞着，大有不服输而要与人一较高下的劲头儿。还有很多不知名的海鱼，真是让我这生活在内地的人大开了眼界。

逛完波盖利亚菜市场，路过人偶剧院，剧院五光十色的灯光吸引了我们，我自然是什么地方新奇都要进去看看。踏入大门，只见色彩斑斓的阿拉伯巨人人偶，形象夸张的大头娃娃，色彩绚丽、形象逼真的狮子、飞禽、驴子、公牛、鹦鹉……原来，巴塞罗那人用各种动物的形象表达欢庆的喜悦，这些动物、大头娃娃通常也会出现在节日的游行队伍里，与巨人们一起游街。巴塞罗那人喜欢社交，热衷于各种公众活动，再加上地中海风和日丽的气候，因此巴塞罗那一年四季有着数不清的民间节日。我们来此的第二天上午就幸运地在兰布拉大道目睹了壮观的巨人巡游，亲身感受了巡游人偶与两旁观众欢乐互动的场景，算是见识了加泰罗尼亚人的热情奔放。

亦惊亦喜巴塞罗那行 DAY 2

2月
画游西班牙

没有了iPhone，还有单反

　　出发来巴塞罗那前，女儿女婿提醒我："巴塞罗那大街小巷小偷很多，你的最新款iPhone绝对是小偷的最爱。"女儿女婿千叮咛万嘱咐要我当心，最好在人多的地方不要把iPhone拿出来，不是有这么一句话"不怕贼偷就怕贼惦记着"。我有些不以为然，记得2012年我们去位于东德的德累斯顿游玩，女儿女婿和亲家就反复叮咛我们注意人身和财产安全，但当我们身处德累斯顿时却发现当地非常安全，所以我认为他们反应过度。女儿驱车去机场给我们送行，再次叮嘱我最好不要用iPhone拍照，我有些不安了，问："会不会被抢？"女儿回答很干脆："那倒不会！"结果，就是这句话让我放松了应有的警惕，此是后话了。

昨日，一到巴塞罗那，我们就迫不及待地游览了兰布拉大道、哥伦布塔、黄金海岸以及贝尔港，有着"鲜花大道"之称的兰布拉大道游人如织，哥伦布塔巍然挺立在黄金海岸，海上来往游弋着游艇、游船，贝尔港坐满了晒太阳观海鸥赏海景的人们……到处是一派和平、安静、祥和的景象，我开始觉得女儿女婿有点大惊小怪了。因为，每隔不远处就有三两个警察站立街边，骑摩托的巡警时不时地从人群中穿行而过。我想当然地认为，这么多警察，治安一定不错。傍晚，天色暗下来，我们就早早收兵回营，女儿让我们晚上不要出门，我们就老老实实待在宾馆上网发照片。

今日正好周六，我们在酒店用完早餐出门已经是 10 点过了。我们住的宾馆在一条

与兰布拉大道呈丁字形的小街上，离兰布拉大道也就不足 200 米的距离。先生在前，背着背包，手拿单反，随意地拍着街景；我在后，用 iPhone 拍着商店门面上的彩色绘图。

不知不觉先生离我已有十几米的距离，突然有人从我的身后抢走了我的 iPhone，我条件反射，转身扑向小偷。我们俩一起摔倒在地，这时我才看清对方的面孔，30 来岁的男子，中东人模样，黑头发、黑眼睛、黑色胡碴，身着黑色运动衣。论打，我肯定不是对手，于是我拼尽全力大喊"抓贼"。几乎同时，跑过来一个 20 来岁的男子，把 iPhone 从他手里接走。我立即放弃地上的那个小偷，起身向接走 iPhone 的同伙追去。

突然，戏剧性的一幕发生了：几米之外，那个接走 iPhone 的同伙朝我做出归还手机的手势。"要还我？！"我不大敢相信自己的眼睛，但我仍然向他跑去。这时先生不知从什么地方跑过来，跨步上前准备去接手机。说时迟那时快，那同伙转身就跑，我一边追赶一边大喊："抓贼！"在街道两旁十多双眼睛的注视下，小偷转眼就没了影儿。我这时蒙了，他拿着手机递给我是什么意思？不是要还我吗？可是为什么当先生去接手机时，他又突然跑掉？我百思不得其解。我和先生回忆了一下方才的情形，大致有了一个轮廓——我和先生可能早已经被这伙小偷盯上了，先生走在前面，离我有十几

米处，进了一家二手书店。小偷一看时机成熟，立即扑上前抢走我的手机。本该得手后立马就跑掉的小偷，出乎意料地被我打翻在地，同伙见状立即上前接走赃物，但被我的

行为和喊叫威慑住，准备还我手机息事宁人。没想到这时先生出现，于是"三十六计走为上策"。也许，那个同伙佯装归还手机就是一个计谋，吸引我去追他，这样地上的那个小偷就可以来一个金蝉脱壳。

不过，西班牙的警察倒是来得很快，也就一两分钟的时间，两个骑摩托的巡警随即赶到，估计附近有人报警了。两巡警顺着小偷逃跑的路线追了一趟，只可惜，小偷早已跑得无影无踪了。巡警让我们去警察局报警，我们到了警察局却没有翻译，当班警官完全不懂英语。中午12点再去，翻译来了，但只是让我填写个人信息，以及被抢之物等等，完全不问被抢的过程和小偷的模样。身后排队等候报案的游人好几个，有被偷（抢）钱的，也有被偷（抢）手机的，还有掉护照的。我突然生出一丝庆幸，好在没有被抢包，护照掉了，家都回不去了，那才惨呢！转念又想，当时与歹徒搏斗全然忘记了人身安全，要是小偷狗急跳墙掏出刀子，这时才觉得一阵阵后怕。

随后给女儿打电话，憋了半天的眼泪一下子

出来了,倒像是受了委屈的孩子见到家长时的情形。我埋怨道:"就是你说不会被抢!"女儿赶紧安抚道:"都是我的错!"女婿听了此事很着急,决定马上开车从法兰克福来巴塞罗那接我们回家。我马上破涕为笑,从法兰克福开车到巴塞罗那少说也要七八个小时,太累了!我赶快说:"没事!没事!我已经没事了。钱财乃身外之物,iPhone抢了就抢了,你妈这么勇敢和小偷搏斗,简直是英雄了!"好不容易把女儿女婿的心安抚下来,先生也宽慰我说一切责任由他来负。

当日，女儿把我在巴塞罗那 iPhone 被抢一事发在 Facebook 上，结果响应者众多，不少到过巴塞罗那的人都有类似的经历。女儿说本来今年夏天还计划让我们去南欧看一看，这下也不敢让我们去了，还是瑞士、奥地利、丹麦、瑞典这些国家治安相对好些。不过这个世界上也不能说什么地方就绝对安全，总之自己小心为妙。

我这人情绪来得快去得也快，事情一过游兴不减，没有了 iPhone，还有

单反。巴塞罗那还是我心目中那个全世界独一无二的高迪之城,这点小插曲,瑕不掩瑜。

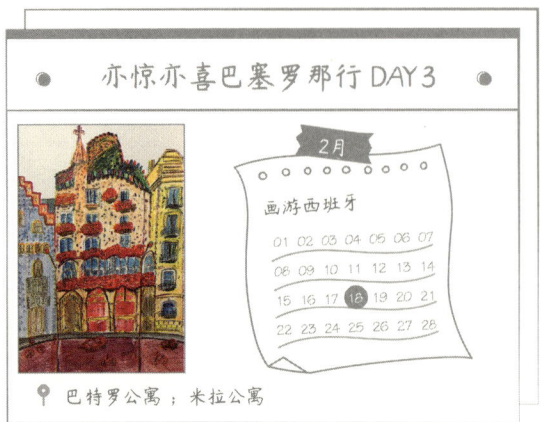

亦惊亦喜巴塞罗那行 DAY 3

2月
画游西班牙

巴特罗公寓；米拉公寓

　　巴塞罗那不是普普通通的南欧商业都市，更不是一座仅靠奥运会闻名的城市。它是安东尼奥·高迪（Antonio Gaudi）作品的露天博物馆，是这位建筑大师以离奇的想象和狂热的宗教热情用砖瓦玻璃和钢筋水泥谱写出一首首建筑之诗的地方。在这里，他留下了18件不朽的建筑杰作。其中，有17项被西班牙列为国家级文物，3项被联合国教科文组织列为世界文化遗产。全世界没有哪座城市会像巴塞罗那，因一个人而变得熠熠生辉；也没有哪个人会像高迪，因一座城市而变得精神不灭。所以，巴塞罗那被称为"高迪的城市"。全世界不少游客是为了观赏高迪的建筑艺术，专程来到西班牙，来到巴塞罗那的。

虽然经历了上午 iPhone 被抢事件且心有余悸，但我们仍然按既定计划马不停蹄地开始了高迪之旅，第一个目标：高迪的巴特罗公寓（Casa Batlló）。巴特罗公寓为高迪在格拉西亚大道上所设计的两座伟大建筑之一，另一座是米拉公寓（CASA MILà）。这座建筑是高迪为一个名叫米拉的富有贵族所设计的高档住宅。当年，米拉与他的家人居住在底部两层，上层楼面作为公寓房出租使用。现在，整幢楼都辟为展室，供游人参观。

我们穿过加泰罗尼亚广场，沿着感恩大街径直往前走，很远就见大街两旁游人举着

相机对着一幢建筑狂拍,这是一幢现代主义风格的建筑,色彩鲜艳,外墙面不规则,给人新奇怪异的感觉。大楼前弯弯曲曲排队的人们昭示着:这儿就是我们的目的地——巴特罗公寓。售票处按欧美人、韩国人、日本人、中国人等分类售票,票价不等,中国人的票价最贵,22.5 欧 / 人,原因不得而知,也没有国人前去理论,欧美人最便宜,16.5 欧 / 人。购票后进入大楼,再凭票领耳机,每到一个房间,输入房间号码就可听到详细的中文讲解。

从外部来看,巴特罗公寓看似是由颅骨和骨骼搭建的。"颅骨"就是阳台,"骨骼"就是建筑的支撑柱。高迪借助海洋生命的颜色和形状作为他建筑的创作灵感,如,外墙选用了天然珊瑚色。看到内部房间的楼梯、门窗、天花板、壁炉,你自然而然就会想到天空、云层、山脉、海洋,以及各种各样的动植物,把众多自然元素应用于建筑上,这就是安东尼奥·高迪建筑的灵魂所在。在高迪的建筑中,世界万物无不具有建筑的灵气。巴特罗公寓无论从外部还是内部观看,就像一幅幅抽象派画家笔下的风景画,从中可以读出高迪对自然界各种形状结构的独特诠释。如:壳体、骨架、软骨、熔岩、翅膀及花瓣。露台像骷髅头,柱子像一根根骨头,屋顶像布满鳞片的鱼背,烟囱被表现为山脊上耸立的险峰。

这座建筑是一件出色的原创作品,非常值得细细观看。如果你认真观察,就会发现高迪非常关注细节设计,比如:窗户的尺寸根据其距离屋顶的高度不同,设计各有所不同,由此他就能保证屋内各房间采光均匀。又如：每一个房间的门牌号码，高迪都设计出独特的形状来代表那些简单的阿拉伯数字，使之像一个个美丽的音符，新颖别致。还有，每层楼梯间的扶手设计的样式没有重复的，有的像大海的波浪，蜿蜒盘旋向上，有的像精美艺术品，给人以非常柔美之感。整幢大楼给人一种迷幻的感觉，置身其中恍若进入一个奇妙的童话世界。

来巴塞罗那前，女儿说："你们到了巴塞罗那，一定要看高迪的建筑，一个都不能少！"看过巴特罗公寓，再往前就是米拉公寓（CASA MILà），当地人多把它称为"石头房子"。它于1910年建成，是一座占地约1600平方米的五层住宅楼，包括若干居住单元和办公室。有人恰如其分地评价这幢建筑说，

这座大厦看上去像一块波浪形的石头雕塑。原始屋顶和抽象的、错落的烟囱，特别引人注目。

米拉公寓的屋顶高低错落，墙面凹凸不平，到处可见蜿蜒起伏的曲线，整座大楼宛如波涛汹涌的海面，富于动感。高迪还在米拉公寓房顶上造了一些奇形怪状的突出物，有的像披上全副盔甲的军士，有的像神话中的怪兽，有的像教堂里的大钟。其实，这些奇异的建筑物就是以特殊形式呈现的大楼烟囱和通风管道。总之，米拉公寓里里外外都显得非常怪异，甚至有些荒诞不经。但高迪却认为，这是他建造的最好的房子，他认为，那是"用自然主义手法在建筑上体现浪漫主义和反传统精神最有说服力的作品"。

尽管已经领略了巴特罗公寓的建筑风格，但当我真正站在米拉公寓面前时，还是足足地吃了一惊。因为，它是活的！从未见过甚至听说过这样的建筑物：它没有一条直线，圆溜溜的曲线像一条灵动蜿蜒的巨蛇，从头到尾，从里到外，整个建筑物的造型仿佛是一座被海水长期浸泡又饱经风霜雨雪侵蚀的布满孔洞的岩体，一面面墙体如同波涛汹涌的海面，错落有致的屋顶上则是一排排酷似武士头盔和怪兽脸谱的烟囱——这也许就是高迪用钢筋水泥绘制的人与天使对话的世界。高迪的作品笔触细腻，想象力却近乎狂野。

在这儿，所有被称为"常规"的传统美学都被彻底颠覆，取而代之的是他最偏爱的圆形、双曲面和螺旋面，以表达奔放无羁的情感，即使是最普通的阳台铸铁栏杆也由于其扭曲回绕的形状在阳光下闪着神秘妖艳的光泽，一会儿是舒展着性感魅惑的曲线，一会儿又变成了跳动的音符。有崇拜者评论米拉公寓：它是天使遗落在人间的玩具。也许，这座房子就是高迪梦幻中的天堂吧？

　　游人观看了巴特罗公寓和米拉公寓后，有人感觉很怪异，有人感觉很有艺术性，我倒是觉得很亲切。其一，高迪的建筑构思、建筑材料来自大自然，又归于大自然，无论是巴特罗公寓还是米拉公寓，你在公寓里随处都可以看见来自大自然的痕迹，太阳、星辰、海洋、波浪……其二，高迪

的建筑设计拟人化，甚至可以说极富人性化，比如说，人们常说"眼睛是人类心灵的窗户"，米拉公寓的窗户就像极了人类的眼睛。因西班牙几面环海，所以，"水"是高迪设计的灵魂元素之一。巴特罗公寓内就运用了大量的蓝色瓷砖和水纹玻璃来表现人类与海洋、人类与水相融的感觉。

亦惊亦喜巴塞罗那行 DAY 4

2月
画游西班牙
01 02 03 04 05 06 07
08 09 10 11 12 13 14
15 16 17 18 **19** 20 21
22 23 24 25 26 27 28

📍奎尔公园，又称为古埃尔公园、戈埃尔公园

第三天，再续寻觅高迪建筑之旅。今日第一目标——奎尔公园，又称为古埃尔公园、戈埃尔公园（Parc Güell）。我们在兰布拉大道乘地铁三号线（L3），约三个站后转乘二号线（L2），到达离奎尔公园最近的地铁站 Vallcarca 下车。出了地铁口，不必问询，只需跟着游客模样的人群往前走，约十分钟行程，就会看到左边呈 45 度角的石头阶梯一直往上延伸，想来那就是通向奎尔公园入口处的路了。石梯很长，一眼望不到顶，好在中间很长一段可乘电动扶梯，虽然只有上山的电动扶梯，下山仍需步行，但还是减轻了游人登山需要付出的艰辛劳顿。沿途看见有背着旅行背包的情侣，也有大大小小四五口人的一家子，孩子有的被抱在父母的怀里，有的坐在儿童车里，

稍大些的牵着父母的手步行。这样的情形在西方国家旅游景点随处可见，总的说来西方孩子不娇气，公共场所不哭不闹，只要能走动的，父母一般让他们自己行走。很多景点给予家庭套票很大优惠，一家子两个大人加上孩子，五人家庭套票比两个成人票价还低，非常人性化。

100多年前建在巴塞罗那一处山丘上的可以俯瞰城市与大海的奎尔公园，最早是作为一个居住区构思而成的。原计划分60个小块，每块地皮上各建一所住宅，每幢房屋

都可以遥望大海，俯瞰巴塞罗那城。在设计公园的道路、围墙及住宅区所必需的服务性设施时，高迪非常超前地构思了一个"五要素方案"，即一条大街、一条林荫路、一个大广场、两条车道和几条人行道。同时，奎尔公园集建筑、雕塑、大自然为一体，巧妙运用色彩和光线，形成了整个建筑群中最辉煌的部分。但遗憾的是，由于公园离城区较远，富人们觉得出行不方便，穷人们则住不起，因此园内只建了两栋别墅。

我们从公园的最高处 Menas 山入口处开始了奎尔公园之旅，第一个景点自然就是"十字架巨型纪念碑"。它位于 Menas 山丘最高处的一个圆形十字架山坡上。据资料介绍，工程开始时这儿曾发现史前岩洞，洞里有犀牛及其他史前动物的化石遗迹，因此这座建筑被设计为纪念式建筑，其设计灵感来自巴利阿里群岛的巨石碑，以此为巴塞罗那加泰罗尼亚人增添一处溯源之地。我们登上十字架山坡，360度俯瞰美丽的巴塞罗那城和广阔无垠的大海，心情豁然开朗。细致观看三座十字架，形状各异，指向不同的方向，中间最高的一座为耶稣十字架，较小的那座顶部为三角形，形似一个箭头。当我们沿石阶下行时，游人突然多了起来，而上下的石梯只能容纳一个人独行，且山丘顶端空间非常狭小，我们很庆幸来得早了一点，否则就必须排队等候了。

从十字架山丘看巴塞罗那城，前方建筑为阿格巴摩天大楼。每当夜幕降临，阿格巴摩天大楼会发出变幻莫测的五彩光芒。我们从最高处往下行，一路穿行在漫山遍野葱绿的树丛中。很远就看见位于公园中心位置的大广场，广场长86米，宽43米，总面积3000多平方米，是整个公园最大的空间。广场呈椭圆形状，如同古希腊圆形剧场。广场后半部分开凿于山坡上，背景就是呈半圆状错落有致的棕榈树，中间是圆形大剧场，前半部是可以眺望巴塞罗那全景的观景台。一圈波浪形的女儿墙非常随意地将外围做了界定，女儿墙正面被设计成坐凳，被称为"波浪长椅"。游客可以舒服地坐着赏景，而坐凳本身贴满了色彩斑斓的如同装饰画的陶瓷碎片。长椅的背面矮墙曲折蜿蜒，墙身上贴着五颜六色的瓷片，组成怪异的图案，远远望去仿佛一条弯曲蜷伏着的五彩斑斓的巨蟒。我特地在这条长蛇般的座椅上坐了一会儿，感觉椅子的高度、背部的弧度，以及相距的空间、四周的环境色彩，既温馨舒适又使人身心愉悦。这种人性化的设计，在公园随处可见。

最后，我们来到位于 Menas 山丘最低处的公园正门入口处，入口两旁有两幢别致的建筑——高迪设计的门卫和办公用的两座塔楼。塔楼的屋顶上也有许多小塔和突出物，与巴特罗公寓、米拉公寓顶部建筑有异曲同工之妙，它们造型新奇古怪，外表镶嵌着白、

黄、棕、蓝、绿、橘红等色的碎瓷片,图案怪异,这些建筑均为塔楼的通风口。塔楼穹顶呈蘑菇形状,有人说那是高迪食用蘑菇后所见到的幻觉,也有人说塔楼穹顶像一个倒扣的咖啡杯,据说高迪以此表明自己不再饮用咖啡。穹顶旁矗立着一座高达17米的尖塔,

尖塔顶端有一尊交叉十字架,分别指向东南西北四个方向。塔楼的窗户形状各异,分别配有各种拼接图案及色彩斑斓的窗框,给塔楼增添了美感与神秘感。

公园入口处一圈围墙的栅栏上缀满了写有"Park"和"Guell"彩色字样的圆形装饰，分明在告诉远道而来的游人：这里就是举世闻名的奎尔公园——被列为世界文化遗产的高迪作品的精髓所在。特别说明：奎尔公园不需门票，游人自由进出观看。进园之后，一条造型别致的有分有合的大台阶呈现在我们的面前，石阶中间由各种带有象征性雕塑的喷泉纵隔开来，被游人称为"笑龙"的蜥蜴位于石阶的第三段，蜥蜴口中流出一股瀑布状泉水，并且一路流入下方的各座喷泉。"笑龙"是公园内最引人注目和

让人喜爱的雕塑,大人小孩争相在此留影,我当然也不会放过这样奇妙的景点。女儿看见我与"笑龙"的照片时很是羡慕,因为她去奎尔公园时游人如织,想要与"笑龙"单独拍照,是不太可能的事。

大石阶一直往上延伸,把我们引向一个多柱大厅——"百柱大厅"。厅内的百根巨型柱子造型规整,排列有序,立柱之间的对称性拱顶,由白色拼接图案及鲜艳的彩色石镶嵌而成,这在高迪的作品中是罕见的。这座气势磅礴的石林,给游人一种令人神往的想象空间,仿佛来到了一个神秘而古老的希

腊神庙。同时86根立柱起到支撑顶部古希腊式露天剧场（即大广场）的作用。"百柱大厅"的地下有一座容量大约1200立方米的蓄水池，高迪构思了一套绝妙的系统用以排放顶部大广场的雨水。上面广场的地面由几块石面构成，如同一个大型过滤器，雨水落在地面后不会在地面流淌，而是直接渗入地下，并通过空心的立柱，最后排入地下蓄水池。何等巧妙的设计，既美观又环保，既巧夺天工又不露痕迹。

关于高迪的艺术成就，西班牙超现实主义艺术大师萨尔瓦多·达利曾经这样说过："他的建筑让人们看到现实存在的神话故事。"我想他的这番话一定是在奎尔公园说的。因为，我眼前的一切虽名为小桥、道路、广场、集市，甚至剧院，却简直就是神话世界中大自然的山洞、鸟窝、天空、云彩，如行云流水般浑然相连却又自成一体；柱廊中的柱子没

有一根是笔直的,就像天然森林中的树干;装饰着斑斓马赛克的长椅,有如一只只史前时代的怪兽,精灵古怪而又肆意欢快……所有自相矛盾的材质、技法、色彩在这里都变成了热力碰撞的知性与激情、和谐共存的回忆与幻想、时空交错的过去和未来。在太阳光的映射下,即使是笨拙的石材,似乎也变得轻盈飘逸起来,于是空间好像由无数透明直线、弧线搭建构成,和阳光一起翩然起舞。"大自然是我一生的情人。"这句高迪的名言立即浮现在我的脑海中。

继续我们的高迪之旅,下一个目标是像路标一样直指云天的圣家赎罪堂(亦称为圣家堂、圣家族教堂),它是高迪作品的第一代表作,也是他的遗作。这座始建于1882年的教堂直至今日仍未完工,尽管如此,见过它的人,还是被震惊得目瞪口呆。

1926年高迪去世,留下了很多资料、设计稿和模型,但是在西班牙内战时大多被无政府主义者毁坏,而工程也停顿到1952年才再次动工。目前,这个建筑完成了将近60%,主要的经济来源是社会捐助和门票收入,官方预计竣工的时间是2026年。

"如果不是大教堂前永远堆积的建筑材料，你会感觉来到了上帝的门前。"这句哲理深刻的话是一位西班牙名人的油然感喟。但这也是所有游客面对圣家族大教堂时的共同心声。当我们从地铁出口上升到地面时，眼前高达170米的耸入云霄的教堂尖塔背衬着蓝天巍然矗立，在早春二月午后柔和明媚的阳光映照下，如通向天堂的阶梯，给人梦幻般的视觉冲击。我的所有感官顿时感到缥缈而晕眩：魔幻世界的诡异和神秘触及心灵深处，带着一种无以言表的快感，像汹涌的海潮般扑面而来。这是种从未体验过的、令人目瞪口呆的巨大震撼。

排队购票是一个长久等待的过程,我没有准确计算时间,但估计有一个小时出头,人们很有耐心地等待,全然没有任何抱怨,也没有高声喧哗及吵闹。这儿的参观票价不分国籍,都是 16.5 欧,我怀着好奇而虔诚的心情进入这座举世闻名的大教堂。首先看到的是教

堂大铁门上密密匝匝刻满的字母,我想大概是《圣经》里的经文吧。大门地面有人物绘图,代表什么我也不得而知,这时我有些后悔了,应该租用耳机听听解说才好。

进入教堂,我立即有了一个与参观其他教堂完全不同的

全新感受，午后斜阳穿透彩色玻璃窗与教堂顶部柔和的灯光混合在一起，整个教堂既显得高大雄伟、辉煌壮观，又充满一种神秘莫测的气氛。在高迪民用建筑中起到非常重要的作用的光线在这里有了象征的意义，东方是太阳升起的地方，也是人们接受第一缕阳光的地方。阳光使万物生长，在这儿无疑代表着耶稣的形象。从入口处画有神奇人像的地面到巨大石柱撑起的骨骼般的穹顶，从两侧管风琴到四壁雕塑，从教堂四面八方投射的光线到色彩斑斓的彩绘玻璃窗户……教堂的每一个局部、每一处细节无不令我感到惊奇与震撼，最令人震撼的是教堂中央大殿设计有一片树形的石柱林，宛如一棵棵大树，在生长到大殿的顶部过程中，长出若干分柱。

　　我终于明白，圣家赎罪堂根本不是一座通常意义上的宗教建筑，而是被物化了的人类

精神世界。无处不在的隐喻是圣家族大教堂最大的特点。虽然这是个未竟的工程,但高迪对于教堂细部无微不至的刻画已将这所教堂的艺术性推向顶峰。正如后人称赞的那样:安东尼·高迪不只是建筑师,更是用建筑表达思想的哲学家,他的建筑不但是鬼斧神工的雕塑,更是激昂澎湃的交响乐和触手可及的诗歌。圣家赎罪堂不只是为上帝而建的房子,不只是一个基督教做礼拜之地,它更是每个来访者都可以读到的一本书——教义问答手册,《圣经》中的各个场景在整个建筑中如同图画一样逐幅展现,栩栩如生。建筑的立面无疑是最能体现这些宗教场景的舞台,三座宏伟的立面:诞生、死亡和荣耀,代表了耶稣神职的三个方面:作为地球上的一个人;作为人类的救世主;作为在最后审判日判决生死的法官。

教堂内由螺旋形墩子、双曲面侧墙和拱顶双曲抛物面屋顶构成的复杂结构组合，既独特雄浑又耐人寻味；塔顶如彩虹般绚丽的马赛克装饰充满幻想和童真，而肉眼无法看清的赞美上帝的文字又使它更多了一层宗教的虔诚与神秘；整个塔身通体遍布百叶窗，看上去如同在梦境中虚无缥缈的沙滩城堡；层层叠叠的雕像既峥嵘奇异又栩栩如生，而真实的自然界景观，如天空、云层、

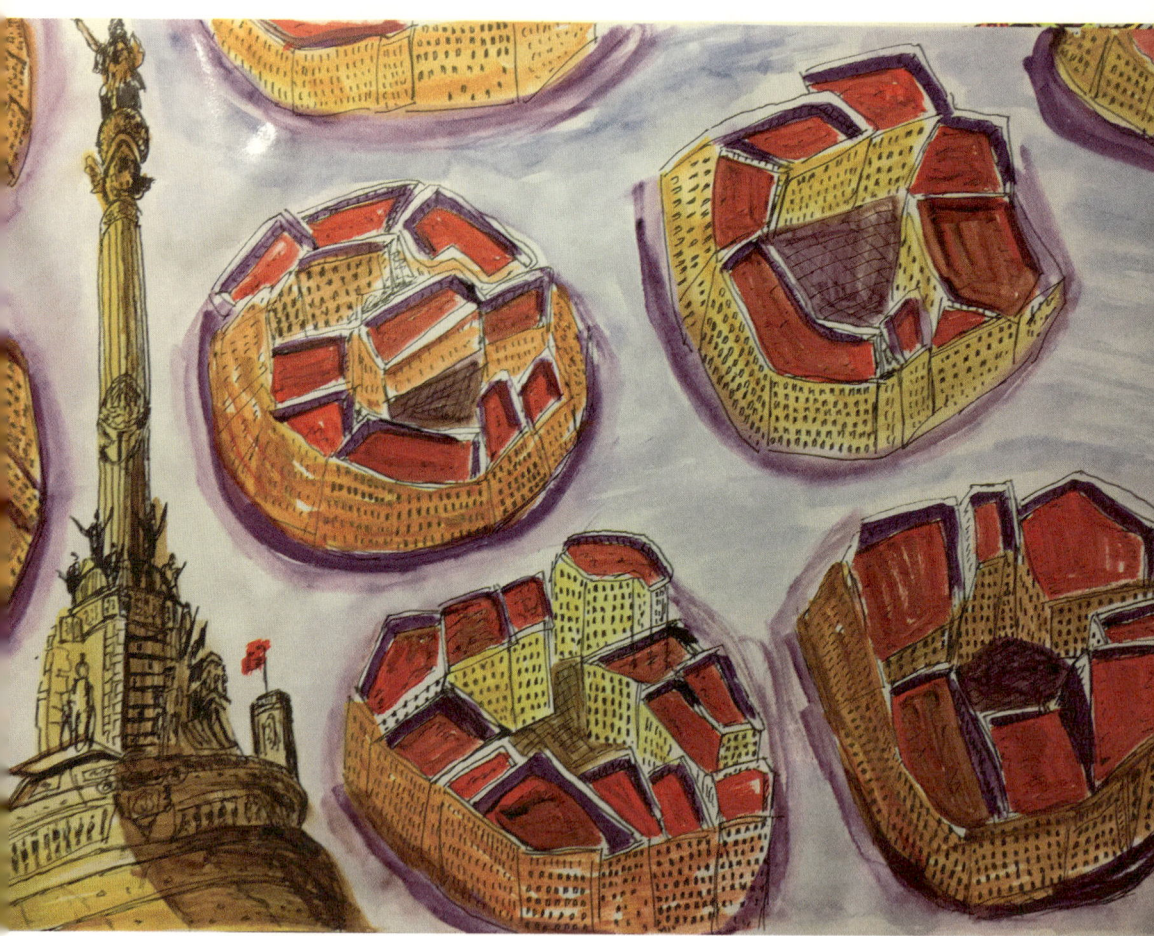

水面、山脉，以及各种各样的动植物的造型更以其抽象的曲线在教堂的每个角落活灵活现。毕竟，圣家赎罪堂不仅是高迪的建筑作品，更是高迪的生命。这是他一生中最主要的作品、最伟大的建筑，也可以说是他心血的结晶、荣誉的象征。高迪仿佛为它而生，又为它而死。教堂后侧有一个展览，既有图片也有实物，主要介绍高迪建造教堂的构思设计以及建筑材料的取材，如日月星辰、山脉水流、各种动植物……在教堂建筑中的一一对应。展览给人以巨大的震撼与感动。

　　登上大教堂顶端，从那里看巴塞罗那城与在奎尔公园最高处和蒙锥山顶看巴塞罗那，带来的是不一样的感受，那是一种从来不曾有过的神圣奇妙之感。

在巴塞罗那城，无论从四周群山的任何一处高地，还是任何一座高耸的建筑顶端，你都可以一眼看到圣家赎罪堂那直耸云霄的尖塔，它既是巴塞罗那的城市地标，也是巴塞罗那人的骄傲。巴塞罗那是高迪的城市，高迪在他独特而奇妙的建筑群里得到了永生！

亦惊亦喜巴塞罗那行 DAY 6

2月
画游西班牙

巴塞罗那繁华市区

来了巴塞罗那几天，逐一观看了著名的高迪作品，享受了美轮美奂的视觉盛宴，我们今日不设目标，在巴塞罗那繁华市区随处漫游。首先来到位于兰布拉大道中段一侧的加泰罗尼亚音乐厅。到达巴塞罗那第一天游兰布拉大道时，我就注意到了这座建筑——红砖外墙、装饰玲珑、浮雕突显……这就是1908年建成的加泰罗尼亚音乐厅。现代主义风格在加泰罗尼亚音乐厅的设计上达到了登峰造极的地步，造就了一个精致完美、富丽堂皇、令人目不暇接的音乐圣殿。在这座五彩缤纷、花团锦簇、既梦幻又舒适的音乐厅里，每年都会举行数百次的音乐会。

不一会儿，来到以檐廊和棕榈树为特色的皇家广场，和兰布拉步行街一样，这里汇集了世界各地风味餐厅。此外，这儿还有一些欣赏传统音乐和舞蹈的娱乐场所，譬如：专门表演弗拉明戈舞蹈的舞厅，专门演奏爵士乐的酒吧。既然被冠以"皇家广场"之名，想来昔日这里一定是达官贵人云集的地方，而现在，人们在广场中央的喷泉池边随意落座，朋友聊天、游人休息、老人晒太阳、小孩嬉戏、鸽子在地上啄食……一派祥和的悠闲气氛。夜幕降临之时，想必又是另一番景象：霓虹闪烁，歌舞升平，舞厅、酒吧宾客盈门，一派繁忙。

过了皇家广场，远远就能看到老城区中心的巴塞罗那大教堂。在去往大教堂的路上，一道拱形石门吸引了我的目光，走近一看，原来这就是颇具名气的马内斯博物馆，在这个熙熙攘攘的老城区中，馆内庭院给人们提供了一处安静休憩的空间。庭院内的雕塑，镶嵌有十字架和神秘图案的铁门，墙面上奇异的装饰、悬挂的女子铜像，博物馆斑驳的砖墙和磨损的青石板路面、圆拱形的石门……这儿的点点滴滴无一不在向游人展示它悠久的历史。门外，游人们迫不及待地奔向大教堂，很少有人停下脚步享受这儿的宁静和闲适。现代人无论是生活还是工作，总是急匆匆地来来去去，这样的秉性就连旅游观光之时，也不例外。

出了博物馆大门，迎面就是巴塞罗那大教堂那高耸的哥特式尖顶，这座哥特式大教堂始建于 13 世纪末，历时 6 个世纪，直至 19 世纪末才正式完成整个大教堂正立面的建造工程。大教堂有三座中殿，均以十字拱形封顶，两侧以优雅的八角塔护驾。教堂门外门内参观拍照的游人很多，但我却十分中意大教堂的庭院回廊，那里长满了玉兰树、枇杷树、棕榈树和甜橙树，终年绿树成荫。此外还有大教堂的拱门、眼花缭乱的铁栅栏、祭坛上闪烁的蜡烛、许愿用的贡品、供养在池塘里的圣鹅、喷水池内潺潺的流水，以及有着上百年历史的地砖，上面长满青苔。所有这一切景象，透过阳光的照耀，营造出一种独特而梦幻的氛围，与大教堂里面既富丽堂皇又冷峻神秘的感觉形成了鲜明的对比。

教堂的侧面是一条狭窄的小巷——比斯贝街。窄窄的比斯贝街有一个廊桥，建于 1928 年，具有 15 世纪晚期的哥特风格。近旁是圣菲利普·内里广场，这儿宁静清幽的环境宛如世外桃源，与大教堂前人

声鼎沸的热闹气氛形成鲜明的对比，是参观大教堂后休息的好去处。再往前就来到老城区的中心地带——圣·杰吾梅广场，广场一侧的加泰罗尼亚州政府大楼始建于 16 世纪，具有文艺复兴时期的风格。正是因为圣·杰吾梅广场位于两个权力机构中间，这里自然而然就成了巴塞罗那人集会的首选之地。包括历史

上著名的爱国主义运动；近现代由社会各行各业人士组织的抗议示威活动；各项重大体育赛事获胜之后举行的庆祝活动；节假日也不乏各种庆典活动和演出。正逢周日，孩子们载歌载舞的表演吸引了众多游人驻足观看，我们也稍事停留，饶有兴致地观看和拍照。

　　这一带是巴塞罗那老城区中心,广场正对面是拉帕亚大街,至今还保留着中古时代的生活气息,鞋匠、裁缝、锅炉工、银匠、船帆工匠……那些曾经在偏僻小街上工作和生活的各行各业的手艺人,通常会用自己的名字为街道命名,这样浓烈的生活气息,如今得到了传承和发展。古香古色的沿街店铺和楼房,如今变成了商店、酒吧和酒店,吸引着络绎不绝的各国游客。我们随性地这儿走走那儿看看,我最感兴趣的是那些五彩缤纷的手工艺品店,精心装饰的商店和精工制作的商品给游人以浓烈的诱惑,一问价格非常高昂,与兰布拉大道上的商店相比,这儿的商品要精致得多,但是价钱也高出几倍。如果仅仅是带一点巴塞罗那纪念品回去,那就在兰布拉大道购买;如果要想购买属于巴塞罗那的精品,这儿是最好的选择。

　　来到巴塞罗那当然不能错过位于老城区蒙加达街上的毕加索博物馆,我们辗转问路，转过几条小街才找到这儿。中世纪时期，蒙加达街是巴塞罗那的城市主干道。博物馆收藏了毕加索成长时期的重要作品以及成名之后一些非常杰出的作品。这里收藏的毕加索绘画，反映了艺术家在各个时期艺术发展的心路历程。这些风格各异的画作，陈列在设计前卫、清新明快的展览大厅，与博物馆所在的百年建筑相得益彰。毫无疑问，毕加索博物馆是巴塞罗那最具有魅力的文化景点之一。

当老城区一天的游历观光接近尾声之时，我们不经意间路过了一处僻静的小街，街边一幢古里古怪的建筑引起了我们的兴趣，两扇生铁铸造的大门别具一格，门中央是精雕细琢的加泰兰盾徽，有人通过门缝往里窥探。原来这就是位于新兰布拉街3-5号的奎尔宫殿，真是"踏破铁鞋无觅处，得来全不费工夫"。它是高

迪在 1886~1888 年为尤赛比·奎尔公爵（即奎尔公园的投资者）设计建造的居家豪宅。宫殿的入口充分展示了其富丽堂皇的面貌：生铁铸造的大门供马车进出，加泰兰盾徽显示了主人的身份。走进宫殿，就能体会到宫殿的主人曾经极尽一切地让高迪表现其富有与奢华，整个宫殿给人一种庄严、华丽的感受。尤其是大厅，其天花板呈抛物线形，中央通透，自然光线可以直射进来。整个大厅宛如苍穹，到了夜晚想必星光灿烂。大楼的屋顶上点缀着二十几座陶瓷装饰的烟囱。

在巴塞罗那的最后一天,我们准备去登蒙锥山。蒙锥山位于巴塞罗那市区的南端,巴塞罗那重大的庆典活动和展会都在这里举行。比如:1929年在这里举行的世界博览会和1992年的夏季奥运会,还有日常举行的大型节庆活动,其中最热闹、最隆重的,要数一年一度的巴塞罗那市节——梅尔塞节(每年九月下旬举行,梅尔塞是巴塞罗那市的守护女神)。市节的闭幕活动每年都在蒙锥山举行。女儿说,2008年与朋友来巴塞罗那游玩,最后一天,两人各取所需,女儿去黄金海岸的沙滩玩,朋友来这儿登山。为此女儿有些遗憾,所以我们决定补上女儿的遗憾。

从兰布拉大道一直往前走,经过哥伦布纪念

塔，来到海边——巴塞罗那旧港区。不经意间，我们与巴塞罗那航海博物馆不期而遇，博物馆紧靠海边，与哥伦布纪念柱相邻，早先曾经是皇家造船厂的所在地，造船厂始建于 14 世纪，其规模之大，可以同时容纳 30 艘大帆船的建造工程，船厂的建筑风格运用了哥特风格鼎盛时期的手法之一，即把多座朴素简单的石块堆砌的船坞平铺摊开。造船厂至今仍然保存完好，何时成为一座航海博物馆我们不得而知。首先吸引我们的是博物馆大楼外院子里的大型潜水艇，虽然不能进入，但是在外面拍照已经令我们喜出望外了。博物馆门票很便宜，3 欧元 / 人。博物馆中最醒目的展品，是放在陈列厅中央的"无敌舰队"旗舰。虽然是复制品，但是并无损旗舰的壮观，精雕细刻之后镏金的船头饰件、鲜红色的船身、船身两侧密密伸出的巨桨，都引人注目。博物馆展室橱窗内有各个时代各种不同形状的帆船模型，琳琅满目，严先生当然是很感兴趣，举着相机挨个拍摄，无一遗漏。

展品中还有那个时代的锚、枪支、指南针等航海用具。此番之行,我们算是开了眼界。

出了博物馆就是滨海大道和旅游港区,到巴塞罗那第一天我们就已经迫不及待游览了港区中心的娱乐城,以及蜿蜒在水面上的活动吊桥等。今日令我感兴趣的是停靠在港区的大游轮,我们随意地在海港东看看西瞧瞧,随意地浏览拍照,身处海港,瞭望地中海,切身感受到人与大海是如此亲近。看见游人搭乘名曰"燕子"的海上游轮,在海港附近的海面观赏海景,我又开始动心了,下次来巴塞罗那搭乘游轮去北非,那一定是一段难忘的经历。时不时看见连接巴塞罗那旧城区和蒙锥山的缆车,穿梭在海港的上空,鸟瞰蔚蓝的地中海,我仿佛已经置身其中了。

无论是搭乘索道还是空中缆车,游人都能够轻松地到达蒙锥山的最高处。我们本打算登山、观海景,所以选择步行上山。当日上午出发去港区时,天空还是乌云密布,越往上,天色逐渐亮开。过了正午,太阳从云层中一点一点地透出来,我们也一步一步地接近山顶。越往上,视野越开阔,四周的景致越好,一边是巴塞罗那城区建筑——红色的房顶、白色的楼房、绿色的阳台,远处圣家赎罪堂、巴塞罗那大教堂、帆船大楼(W酒店)、阿格巴摩天大楼(纺锤形大楼)等尽收眼底;一边是烟波浩瀚一望无际的蔚蓝色大海,海港建筑、船坞、游轮、缆车等一览无余。站在蒙

锥山露天咖啡厅,看着下边蔚蓝色的天空和蔚蓝色的大海,我想起了日本电影《追捕》里的一句台词:"杜丘,你跳下去,立即就融化在蓝天里。"顿时有这个冲动,想融入这蔚蓝色的天空和大海中去。

在通往蒙锥山城堡的路上,我们看到了一座表现加泰罗尼亚传统集体舞的雕像。各种节庆来临时,巴塞罗那人就会聚集在老城区大教堂前面的广场上,跳萨尔达纳舞,这是加泰罗尼亚典型的集体舞。海边一侧,成片

的椰树林背衬蓝天,玉树临风,随手拍一张即可做风景明信片。我们恣意地随处观景、拍照。虽然此次的蒙锥山之行,我们没有时间去看巴塞罗那奥林匹克场馆、国家美术馆等著名的建筑,但是看见那些因为搭乘旅游观光车而不断赶路的人们在每个景点蜻蜓点水般稍事停留又急忙上车离去的情景,我们很欣慰,与其跑马观花走一圈,不如自由自在想看什么,就看什么,想停留多久,就停多久。

临近海港的蒙锥山,由于其本身特殊的地理位置,历史上一直是巴塞罗那的天然屏障,如今山顶上还可以看到军事防御要塞的遗址——蒙锥山城堡。城堡位于山顶,与蒙锥山同名。军事堡垒始建于17世纪,18世纪被炸毁,之后重建,如今城堡内设有军事博物馆。山顶设置了大大小小近十门大炮,吸引了无数游人的目光。17世纪的战争硝烟早已经散去,现在的大炮仅供游人观看并拍照留影,可惜我们不太懂这些装备,要是军事爱好者一定能列举出这些大炮的名称和功能。与一座座大炮相邻的是美丽的哥斯达花园,它坐落于蒙锥山山顶朝向海港的一侧,花园里长满了各种各样的仙人掌,红红的花儿正竞相开

放。在最宽敞之处有市长观景台，这是观赏巴塞罗那市区和眺望地中海的最佳地点之一。

登蒙锥山城堡，首先要经过一座吊桥，吊桥下方两旁均是修剪整齐别致的草坪花园，遥想当年这儿应该就是防御敌人进入城堡的壕沟。大门是一个可以放下和收起的吊桥，当年战争进行之时，这是外来人员进入城堡的唯一通道，大有"一夫当关万夫莫开"之势，一旦吊桥收起，恐怕就插翅也难飞入了。几百年后的今天，游人争相在此合影留念，

素不相识的各国游人主动地你为我拍照，我为你留影。登上城堡，置身于蒙锥山的最高处，终于可以毫无遮挡地欣赏地中海海景了，心潮澎湃，浮想联翩。记得在飞来巴塞罗那的航班上空看见大海时，我就开始激动：过去只在书本和电视上见到过的地中海，终于可以身临其境了。此刻，天空云开雾散，阳光四射，无际的蔚蓝色大海上一艘艘白色的巨大游轮驶向远方……

经历了 iPhone 被抢的惊悚一刻，也享受了高迪作品的视觉盛宴，观看了巴塞罗那的人文地理，游历了这里的山山

水水，在这段旅程就要画上句号之时，我想起了一些小插曲。那天当我们乘地铁去奎尔公园时，突然前方传来一阵熟悉的二胡演奏声，我和先生四目相对，异口同声地说："中国人！"走近一看，一位60岁左右的华人正在为过往地铁的乘客演奏中国民乐——二胡。《江河水》熟悉而略带悲伤的曲调在异国他乡响起，听来自然倍感亲切与感慨。严先生看我在包里摸索，说道："多拿些。"我把包里所有的硬币拿出来放在他前面的盒子里。随后，得知他祖

籍是中国福建我们简短地交流了几句，便挥手道别。当天晚些时候在圣家堂排队购票时，看见两个 20 岁左右的年轻华人在向游人兜售一欧一个的冰箱贴，不太像留学生模样，当然也不像来此的游客。今日在蒙锥山观景台餐厅用餐，看见几位年轻华人在餐馆打工，我先以为他们是学生，后来交谈得知他们就是这个餐馆的员工。看来，这些年，除了越来越多莘莘学子到西方国家求学深造、越来越多国人走出国门到西方世界观光旅游外，也有不少华人漂洋过海谋职求

生存。我由衷地希望我们每一位同胞，无论身处何方都能够活出自身的精彩，能够在西方世界留下属于自己的人生印记。

画游西班牙：下篇

西班牙自驾游
XIBANYA ZIJIAYOU

5月12日清晨7时许，我乘坐德国汉莎航空LH1124从法兰克福飞巴塞罗那。9时许平安降落巴塞罗那机场，与前期到达巴塞罗那数日的"四美眉"会合。我们车行提车，开启西班牙自驾模式。首日，巴塞罗那至瓦伦西亚（Valencia），游览老城区，夜宿瓦伦西亚。

介绍一下我们西班牙自驾团队成员，均是"60后"，只有我是"50后"，稳当当的老大。老二是人称"凤丫头"的凤妹儿，既是我《画游冰岛》书中的重要人物刘妹妹，也是《画游巴黎》书里那个专程到巴黎与我会合的刘美女，本次自驾游她是后勤保障负责人。凤妹儿生性热情，喜欢揽事，此任务非她莫属。老三文文，被姐妹称为"文

哥""文大侠",曾经当过中学英语教师,后又转换角色成了政府部门领导,生性活泼开朗,做事干净利索,全程担任主驾兼大厨,行前订机票、订民宿、网上租车等等大小事务一揽子包干。有了能干的文文,我这个大姐就是闲人一个,用四个妹妹的话来讲,我此行的任务就是画家采风!老四、老五两位干练女性,一位专门负责餐后洗碗收拾房间断后,一位是大厨文文的得力帮手。

从巴塞罗那去往瓦伦西亚行程300多公里,预计3~4小时到达。瓦伦西亚是西班牙第三大城市,第二大海港,位于西班牙东南部,东濒大海,背靠广阔的平原,四季常青,气候宜人,被誉为"地中海西岸的一颗明珠"。一路向前边行边聊,耳朵里塞满了她们游巴塞罗那的逸闻趣事。有人说"三个女人一台戏",五个女人足足可以演一台大戏了。我们的西班牙自驾之旅就在欢歌笑语中拉开了序幕。

在我们制定西班牙自驾路线时，有朋友说西班牙的公路两旁均是植被不太茂密的黄土地。实际感觉还不错，虽然不像德国高速路旁不是茂密的森林就是大片麦田，但沿途一碧如洗的天空下，橄榄树、棕榈树、丝柏树林一片片，金黄色的小花一丛丛一簇簇，大海在远方时隐时现，海面像宝石般湛蓝……尤其令我激动的是车窗外时不时掠过的橄榄树林，与脑海中不断跳跃出的梵高浓墨重彩的橄榄树画面重合，心中涌起一阵阵按捺

不住挥毫泼墨的冲动。

时间飞快过去，下午两三点，我们就顺利到达瓦伦西亚。在周边街道泊车后，拖着行李箱入驻民宿。短暂整理后立即出门游逛，瓦伦西亚市中心老城区的火车站、斗牛场、市政厅、火祭博物馆、国立陶艺博物馆……我们边走边看边拍照，时不时来一个集体照。五月初的西班牙已经是盛夏时节，天空骄阳似火，五姐妹热情奔放。

我们计划的第一目标是登米迦勒塔，该塔位于老城区中心瓦伦西亚大教堂对面，建于14—15世纪，以圣·米迦勒命名。登上塔顶可以尽览瓦伦西亚老城区风景。但当我们到达时已近6点，塔门已经关闭，我不免有些遗憾，错失登顶看瓦伦西亚老城区的绝好机会。不过，我很快就发现一个巨大的惊喜在迎接我们的到来。

随即我们从正门进入瓦伦西亚大教堂,大教堂始建于 1262 年的罗马神殿旧址上,在长达千年的不断翻修中混合了罗马式、巴洛克式、哥特式等多种建筑风格。教堂的三个入口分别是新罗马式的正门、巴洛克式的南侧宫门和哥特式的北侧使徒门。有记载说大教堂中圣杯礼拜堂内摆放着据说是耶稣在最后的晚餐中使用过的餐具。

教堂外人流如织,人们都身着盛装,女性身着西班牙传统民族服装,男性有的着民族服饰,也有的西装革履,跟随家长的小孩子也有不少穿民族服装。

而大教堂里也是挤满了身着传统民族服装的人群,感觉这里正在进行着一场盛大的宗教仪式,我本想亲眼看看耶稣在最后晚餐中使用过的餐具,但我们几个肤色不同,装束打扮在人群中过于惹眼,故不好意思在教堂里久留,便匆忙离开。

出了教堂,一队队身着民族服装的人已经整装待发,一场盛大的民族游行即将开始。街道两旁摆满了座椅,人们翘首以盼……大约7时许游行开始了,瓦伦西亚人民吹奏着他们的传统器乐载歌载舞,一路行进。行进的队伍中我们还看到骑着高头大马、身着传统西班牙骑警服装的骑警队,给游行队伍增添了不少亮色。我们刚到西班牙首日就领略了瓦伦西亚的民族文化魅力，真是幸运，不知今天是瓦伦西亚人的什么节日。一朋友说是瓦伦西亚法雅节，但我查了一下，法雅节是每年3月举行，并不是5月12日，何况法雅节又被称为"火祭节"，火祭顾名思义就是有点火的场景，今天没有，

应该不是法雅节。不过，是不是法雅节并不重要，我们能亲临一场精彩盛大的民族游行，也是十分难得与幸运的了。

上午游瓦伦西亚古丝绸市场、瓦伦西亚艺术科学城。中午驱车上路,从瓦伦西亚到阿利坎特(Alicante),经海边小镇法尔佩,晚上住阿利坎特。

清晨起床,洗漱后用完早餐,不到 8 点上路,第一站瓦伦西亚古丝绸市场,这座古代的丝绸交易市场是一座哥特式建筑,在 1996 年被联合国教科文组织列为世界历史文化遗产。几个世纪以来它见证了瓦伦西亚商业的繁荣。市场一楼是空旷的交易大厅,螺旋状柱子十分引人注目。古代交易时所用的工具也陈列在这一层,人们可以在此感受当年盛极一时的交易场景。楼上的两层则是当时关押欠债的犯人的场所。在这里我们不仅饱了眼福,也饱了口福,市场新鲜上市的各种水果蔬菜物美价廉，我们自然不会放过这等机会，尽情购买。

在市场外部，是一座名为橘苑的庭院。旁边是瓦伦西亚音乐厅，广场上的哈利·波特人物雕塑，古怪精灵、栩栩如生。对面又是一座雄伟壮观的大教堂，教堂塔顶的十字架高高挺立，天空绚丽的阳光倾泻而下，给大教堂披上了金色的光芒。

然后,我们驱车来到瓦伦西亚艺术科学城,这是网友们推荐的绝对不能错过的打卡地。在来西班牙旅游之前,人们知晓的西班牙著名建筑大师无非就是那个大名鼎鼎的高迪,而在游览了瓦伦西亚科学与艺术城之后,我们又知道并记住了一位出生于瓦伦西亚且早已蜚声国际的建筑大师——圣地亚哥·卡拉特拉瓦。二十年前,瓦伦西亚的女市长请卡拉特拉瓦为家乡设计建造能让世人震惊的现代建筑。设计师果然不负众望,用长达十四年的时间在城市东南面枯竭河道上,逐渐建造起一组充满视觉冲击力和想象力的现代建筑,即瓦伦西亚科学与艺术城。

科学艺术城的整个建筑群,包括天文馆、科技馆、艺术宫、海洋公园、植物园等。这组造型奇异、美轮美奂的建筑群气势磅礴地从北向南一字排开。而大面积的水面设计更是神来之笔，让这些建筑仿佛是漂浮在海洋中的梦幻之岛。虽然我们在此逗留的时间很短，不能一一参观天文馆、科技馆、海洋公园、植物园，未能深度体验这里呈现出的艺术与科技的奇妙，但也算是目睹了一代大师的旷世杰作，稍稍领略了科学艺术城给予人们的强大视觉冲击力。

临近中午时分，我们再次上路，离开瓦伦西亚经海边小镇卡尔佩往去阿利坎特。行车途中因为走错了一个路口，兜兜转转几十公里，误打误撞地进入了西班牙的农村小镇。虽

说是农村小镇,这里也有五彩斑斓的建筑和高高矗立镇中央的教堂尖塔,带给我们另一种驾游体验。

终于到达神往已久的卡尔佩,这儿有世界十大著名海滩之一 Cala La Manzanera,我们就是奔此而来的。五姐妹在海滩上尽情看海玩水,撒野狂欢,然后闲逛小镇,欣赏一幢幢面朝大海依山而建的五彩斑斓的别墅。看着这些别具一格的建筑,我们兴奋不已,但有些许遗憾的是,别墅大门都紧闭着未见主人的踪影。后来才知道西班牙人一般下午2时至6时餐馆、咖啡店均打烊休息,晚6时又开始营业。西班

牙人的日子过得真是悠闲。

下午 5 时许，我们到达阿利坎特，第一时间就是驾车去观看阿利坎特的制高点——圣巴巴拉城堡。西班牙是个城堡众多的国家，据说全国有大小城堡 600 多座，圣巴巴拉城堡是西班牙最大的城堡。城堡位于阿利坎特市中心海拔 216 米贝纳坎蒂尔山上，它由巨大的石块堆砌而成，异常坚固。城堡是阿利坎特最古老的建筑，也是阿利坎特城的捍卫者和历史见证者。女儿女婿去年曾来此度假，看到他们

拍的城堡，我当时就想如果来阿利坎特一定第一时间登堡，不到一年我的愿望就实现了，自然十分兴奋。此刻，建于中世纪的圣巴巴拉城堡沐浴在金色的夕阳下，站在城堡城墙上360度俯瞰阿利坎特市区及海港，一边是蓝色的大海白色的游轮，另一边是市区鳞次栉比的高楼，

堪比一道丰盛的视觉大餐。

　　游完了城堡，驱车去海滩戏水，我们有幸受邀与阿利坎特的中国朋友喝咖啡。虽然在阿利坎特时间短暂，但是我们登上了阿利坎特城堡，看过了阿利坎特城，玩过了阿利坎特海，也是不虚此行了。

　　从阿利坎特到格拉纳达，入住格拉纳达（Granada）。

　　今天是整个旅程中最令人惊心动魄的一天，整天都在悲喜中转换，从沮丧转惊喜就在一刹那，从大喜到大悲亦是转瞬间。

　　上午 9 时退房出发，我们驾车一路向南从阿利坎特到格拉纳达，行程 370 多公里，计划 4 个小时到达。不料想，像昨天一样走错路、转错弯，此类意外情况频发，好不容易走上正道又遇到修路改道或临时封路，我们的探途离线地图一而再再而三为我们重新规划路线，三个小时后显示离目的地尚有 268 公里，也就是说 370 公里的路程我们才走了 100 公里。一路上都是突发情况，每一处给我们的感官带来不一样的刺激。

先是环岛转错道，到了一条乡间小路，我们把车停下找路。然后继续行驶到一处绿树成荫的山坡，山下一汪绿水，路旁正好有一个停车处。我们把车一停，手脚并用登上最高山坡，一览美景，一阵狂喜，一阵狂拍，今天又赚了！这就是自驾游的优势所在。

前方到了一个不知名的小镇，穿城而过，车窗外又是别样风情，房屋有的是红墙红顶，有的是黄墙黄顶，还有的就是红墙黄顶或黄墙红顶，房屋建筑各异，色彩艳丽是最大的亮点。房前屋后花园里硕大的月季花怒放，商店的招贴装饰稀奇古怪，无一不展示着西班牙人民浓烈的文化艺术修养，这样的民族怎么能不出千年怪才毕加索、达利呢？！

突然有人惊呼："雪山！雪山！"我随口一句："不可能，又不在阿尔卑斯山，哪来的雪？！"看前方，硬生生地横亘着一座雪山，从山顶往下一道道白雪留痕清晰可见。大家七嘴八舌议论起来，难道是内华达山或是穆拉森山吗？也有人提出疑问：是不是阳光作用在山顶岩石的反光呢？经反复观察，最后我们的结论那就是雪山，应该是西班牙的比利牛斯山。

离格拉纳达越来越近了，路两边的风

景丰富多彩起来，不仅有簇簇茂盛的黄色野花，成片的橄榄树林，一排排笔直挺拔的丝柏树，还有"挪威的森林"那般大片大片郁郁葱葱的树木，奇形怪状的黄褐色山壁……我们兴奋地谈论着，这就是自驾独特的优越性，无限风光在路途。

到了，进城了，离目的地民宿只有不到一公里了，前方100米调个回头弯再往右方走几百米就是我们的目的地。红灯，停！咚！身子往前一冲，遭了！被追尾了！！！我的心一沉，完了！完了！赶快下车一看，右侧后车灯被撞了，好在破坏不大，车子大体无碍。接下来就是拍照留证据，把车开到旁边，报警处理。在等待警察到来的时间里我首先给巴塞罗那车行打电话，录音留言。接着又想到我在巴塞罗那工作的学生娟子，立刻向她求助。娟子马上找她的助

理帮我们处理此事,按他说的步骤一步步进行……

警察来了,处理过程十分简单,先询问追尾司机,填单签名,再检查我方驾驶员证件(护照、国际驾照),驾驶员签字,追尾车驾驶员开车走人。我们还有一些事需要了解,但出警的警察英语不太好,他请求派人来与我们交涉。一会儿我们的房东女士来了,与警察沟通后进一步确认,后面司机全责,我们免责,我们还车时只需把交警处理鉴定单给车行就好了,至于修车换车的问题就不在他们的职责范围之内了。我又问,如果我们继续驾驶此车会不会有问题,答复是:如果沿途有交警查看车辆的行驶状况,直接把责任鉴定书

给他们看就行。待我们把需要了解的情况都明了后,警察开道直接把我们送到预定的民宿。我们的西班牙自驾行居然还有警车开道,哈哈,我们的心情一下子由阴转晴!

6时许再次出门,阴霾散去又是艳阳天,我们高高兴兴逛街去。西班牙异域情调随处可见,自然是惊喜不断感慨万千。我们一路走来,登山到圣尼古拉斯观景台,格拉纳达城尽收眼底,对面闻名天下的阿尔罕布拉宫,夕阳映衬,披了一层金色的面纱。

今日重头戏是游览颇负盛名的阿尔罕布拉宫（Alhambra Palace），即"红宫"。

昨日惊魂一刻的游记在网上发出之后，立刻引来国内朋友的关注。朋友甲："这下晓得当老师的好了！"朋友乙："这就是旅行的意义，有惊喜更有惊吓！"本次自驾到格拉纳达的一个重要目的就是要一睹阿尔罕布拉宫（又称红宫）。出发前一个多月我们就通过国内网站订票，一看价格居然有160元和460元不等的价格。我说不可能400元那么贵，欧洲的景点门票一般几欧元最贵十几欧元。于是我们预订了160元的，结果两天后显示订不到票。于是我找了一个国内朋友委托他欧洲的公司帮助购票，结果是5月15日的已经售罄。我突然想起学生娟子在巴塞罗那，也许她可以帮忙。果然不出所料，娟子直接通过格拉纳达足球俱乐部订票，简直就是分分钟搞定，14 欧一张，约人民币 100 元。哈哈，这就是当老师的优越性！桃李满天下！今天到了红宫，碰到几个国内来此的游客，因为没有买到票只能在外围看看，对我们只有羡慕的份儿。另外一拨来自贵阳的同胞买的就是高价票 460 元的，说的是一辈子来一次再贵都要买。

我们清晨 7:30 从住的地方出发，步行穿过市区，上行至山腰处售票大厅，取票租导游耳机，8:30 进入红宫，先游览外围宫殿及花园，大家一路拍照一路惊叹！按时间安排我们 11:30 进入主宫参观，历时三个小时。宫殿不能说有卢

浮宫、凡尔赛宫那么雄伟壮观,但也堪称精妙绝伦,整个宫殿无论是四周墙面还是穹顶地面,做工精细,堪称完美。

摘录百度词条"阿尔罕布拉宫(Palace of the Alhambra)"又称"红宫",中世纪摩尔人统治者在西班牙建立的格拉纳达的宫殿。始建于13世纪中期,位于地势险要的山头上。四周围墙用红色石块砌筑。沿墙筑有或高或低的方塔,墙内有许多院落,其中狮庭以雕刻精美考究的拱形回廊和雕有十二只狮子簇拥着的喷泉著称。整座宫殿的建筑风格富丽精致。这样的绝世美景只有用眼睛欣赏用心记录,至于照片能表现出10%的美就差不多了。

接下来续写西班牙历险记之格拉纳达汽车追尾事故。下午三时许,我们参

观完阿尔罕布拉宫正宫后正在购票处服务站 Cafe Bar 吃午餐,突然听见娟子助理留言,让我们把车开到格拉纳达车行去处理追尾一事。我们马上下山回到住的地方取了相关文件开车去车行。车行位于格拉纳达大学附近 3~4 公里处。车行值班的年轻女士接待了我们,我只说了一句,她就立即说:"I see, I see."随即查看了一下车况,问我们有什么想法,我试探着说能不能换个车,其实真实想法是能换最好,不能换也可以继续,并无多大奢望。结果别人二话没说,马上办理换车手续,然后驾旧车去换新车。不到十分钟的光景,一辆银灰色宝马车驶来,途安换宝马,哈哈,我们大喜过望。

总结这次追尾事故,第一,整个处理过程简单快速得令人无法想象;第二,不需要我们做任何的解释,更没有丝毫的不快,似乎并不比几天前在巴塞罗那

提车时用的时间更多。我们随即给娟子及其助理小毛留言,一是告知处理结果免去担心,二是表示衷心感谢。娟子留言:"哈哈,西班牙南部人民要淳朴很多!!都平安就好!"这次格拉纳达追尾事故全靠娟子及助理小毛,没有他们给我们讲解西班牙事故处理过程,我们不可能心中有数按部就班对待此事;没有他们在巴塞罗那与车行接洽相关事务,我们也不会如此这般

顺利轻易换车。

当然，正如娟子所说，整个事故的处理过程与格拉纳达人民的淳朴善良是分不开的。昨天发生了事故，肇事司机马上说是他的责任，司机是四十来岁的中年人，一脸内疚自责的表情，用同行姐妹的话来说，有点造孽兮兮的样子。主动打电话报警，

主动把他的姓名、身份证号码、电话号码一一抄写下来交给我。再说格拉纳达的警察也是值得大大称赞,接警后迅速赶来现场,处理事故干净利落,态度亲和,有问必答,并且警车开道直接送我们到达民宿地。后来我们逛街时在格拉纳达市政厅广场又见到这两位警察,看来此地的警察人数很少,仿佛今日整个城市就这两个当班警察。

　　这次事故彻底颠覆了我对西班牙的不好印象，一扫之前在巴塞罗那当街手机被抢所带来的阴霾。更何况，格拉纳达街道干净整洁，建筑式样各异、色彩鲜艳，道旁绿色的柑橘树上挂满了黄澄澄的柑橘，一切给我留下了深刻的印象，借用娟子的话来表达我此刻的心情：最爱格拉纳达，太美了！

今日是到格拉纳达的第 3 天，原定昨日下午观光阿尔拜辛（Albayzín），由于处理追尾事故的后续未能完成既定方案，故今日上午先补上昨日落下的功课。午后出发，前往欧洲阳台——内尔哈（Nerja），今晚住内尔哈。

一早动身，我们步行穿过市中心登山去阿尔拜辛。1984 年，阿尔拜辛与著名的阿尔罕布拉宫一同被列入世界文化遗产名录。阿尔拜辛区是格拉纳达的老城区，也是一座具有伊斯兰风情的城区。昨日观光的阿尔罕布拉宫属于皇亲国戚的居住地，今日游览的阿尔拜辛就是同期平民百姓的生活聚居区。

阿尔拜辛依山而建，与阿尔罕布拉宫并行，至今保留了狭窄而蜿蜒的中世纪摩尔街道。蜿蜒的小巷与错落有致的白色房屋，如果没有导航指路很容易就会迷失在这座老城区里。不过，在这样的古老城区迷失也是一种乐趣，就像我们的路途，时不时倒错弯行错道，却领略了别样风景，有了不一样的体验。

在蜿蜒而上的小巷子里有一条热闹的街道，在街道的两边分布着极具阿拉伯风格的商店，售卖着各种阿拉伯美食和工艺品，非常有趣，值得好好逛逛。小巷少有路人，偶遇几个游客拖着行李箱往下行，箱底轮子与石头路面上摩擦的嗒嗒声打破了老城的宁静。我想如果把住宿订在阿尔拜辛也是一个非常好的

选择，既可以真切地感受这儿的宁静，亦可以享受安静中的热闹，在门外的小酒馆、咖啡店或品红茶或喝咖啡或聊天或发呆，不失为另一种趣味。再寻找一个观景台观赏全城建筑，观赏日出日落时分的阿尔罕布拉宫，又是另一番风情。

一路走走停停，一个多小时后我们终于到达阿尔拜辛的城门，穿过城门洞，沿城墙斜坡上行，边行边俯瞰阿尔拜辛。正在拍照时，一阵狗狂吠的声音吓我一大跳，狗主人是一位英语说得不错的女士，热情地给我们介绍附近的教堂。她告诉我们穿过围墙，小道通向最高处一座小山上的圣尼古拉教堂，那儿是观赏阿尔罕布拉宫和俯瞰格拉纳达全城的最佳地点。我们自然一阵惊喜，一番感谢后直奔教堂，居高临下看红宫，饱览格拉纳达城市全景。

下山，直奔格拉纳达大教

堂。格拉纳达大教堂建在原清真寺的地基上,从 1523 年开始建造,到 1704 年才完工。原计划建造一座哥特式大教堂,但建造过程中却改为文艺复兴巴洛克式,这也是欧洲那些建造过程长达百年的教堂常见的命运。教堂由三个巨大的拱形回廊组成,中央礼拜堂圆顶高 45 米,顶部窗户镶嵌彩绘玻璃,装饰华丽。走进教堂,右面铁栏杆围住的是一面纯金的雕塑墙,正面整个墙面都是圣经故事的人物雕塑,主要人物当然是耶稣与圣母玛利亚。堂内有古画《二王合婚图》,大堂中央摆放着两座巨大的一人多高的大理石石棺,每个石棺顶部并排躺着仰面朝天的国王与王后大理石全身雕像,石棺四周是精美的人物雕刻,石棺内是

二王的遗体，石棺下面地下室有五个黑色小棺，存放的是二王子嗣的遗骸。

大堂右边一侧是另一个大厅，四周的墙壁上是国王及王后当年收集珍藏的绘画，内容全是圣经故事。有一幅画给我的印象极其深刻，画的是耶稣受难后，圣母抱着他的遗体满脸泪水，画面上的人均是泪流满面，清晰可见大滴大滴的泪珠。大厅展柜里存放着二王的王冠、权杖以及服饰，无不显示着二王昔日的辉煌。

大教堂对面就是格拉纳达市政厅，前日傍晚路过此地，但错过参观时间不得而入。今日11时正值市政府人员上班时间，我们信步走入市政府内庭花园，拾级而上轻轻进入二楼办公区，在门外观看了市长办公室，进入接待厅观看家具陈设和墙上的人物肖像油画，估计应该是前几任市长的肖像画。文文说，没有易老师我真不敢擅闯市长办公区，我说在民主国家市政厅大多可供游人参观，只要是上

班时间人们可以自由进入市政府公共区域,原则是不要打搅正常上班。

12时许,我们驾驶宝马车驶出格拉纳达,向下一站内尔哈进发。在西班牙奔驰几日后已经基本熟悉西班牙路况及交通规则,同时探途离线地图使用起来也比较得心应手了,一路顺畅,90多公里路程一个小时到达。到了海边,车停路旁咖啡馆,啤酒、咖啡、红茶,众姐妹各取所需。

内尔哈被称为"欧洲的阳台",这里有白色的房子、鲜艳的花朵、

干净的道路和各式各样的门窗，有一种很温馨舒适的感觉。从市区住的地方顺着路往下，走到海边，在一个巨大的平台上有个很漂亮的白色看台，墙上挂着蓝色的花盆，花盆里盛开的红花点缀在白色的墙面上。从看台可以眺望远方的海，蓝色的天空，深蓝色的大海，海天相接浑然一体。原来这就是内尔哈的地中海观景阳台，"欧洲阳台"因此而得名。

在欧洲有不少地方被称为"欧洲阳台"。几年前去易北河畔的德国德累斯顿，就有一处看台面朝易北河，被称为"欧洲阳台"。法国安纳西湖

畔也有一处看台被称为"欧洲阳台"。我想大概意思是，坐在这里，仿佛坐在家里的阳台一般，可以随意看风景。所以，你大可以像坐在自家阳台上一样，沏上一壶茶，约上几个朋友，在谈天说地的间隙里，尽情欣赏欧洲自然美景。

经过观景阳台，沿着两排高大挺拔的椰子树走向前方，海边有一个巨大的180度半圆形观景平台。金色的夕阳挥洒在地面上，来自世界各地的游客在此尽情享受着地中海的美景。

太阳的余晖渐渐散去，天色渐渐暗下来，路边酒吧餐馆开始热闹起来，内尔哈人的夜生活开始了。

一觉醒来不到五点，三位女士已经起床，有的梳洗，有的做早餐。早餐居然还可以吃到自发馒头，真是福气满满！感谢姐妹们辛勤的付出！

不到七点吃完早餐出门，直奔"欧洲阳台"看海上日出。我们研究过观景台的位置属于东西向，应该可以看到日出与日落，但是昨天傍晚没有看到日落，西方的房屋建筑挡住了日落时分的那片海。所以，今晨7:20的日出一定不能错过。到了观景台下到海边沙滩，东边海面已经露出了金色的曙光，不过仍然不能看到太阳从海面跳出的景象，前方突出于海面的小山挡住了我们的视线。管它的，偌大一片海滩只有我们四人已经是极其奢侈的享受了。于是，观海，听涛，看东方

金色一点点放大，姐妹们在海滩上尽情拍照，我静静地躺在沙滩椅上享受这静谧晨曦中的地中海海景。

　　上午十时许退房出发，告别"欧洲的阳台"内尔哈，驶向下一个观景地马拉加。马拉加是大名鼎鼎的立体主义大画家毕加索的故乡，到此一游的主要目的就是看毕加索博物馆。虽然欧洲各大城市几乎都有毕加索美术馆，今年1月在巴黎我也去看过毕加索美术馆，但到了西班牙必到他的故乡马拉加，到马拉加必去毕加索博物馆。这里是毕加索出生的地方，这个博物馆是原汁原味的毕加索博物馆！

  从内尔哈到马拉加51公里,加上出城入城一个小时就到。心情愉快轻松上路,沿途高速路隔离带夹竹桃花盛开,粉色、红色、白色,鲜艳亮丽。我一下子想起前天参观阿尔罕布拉宫,宫内花园有一个夹竹桃大道,全是绿叶,未见任何花朵,怎么才相隔两天就看见盛开的夹竹桃花呢?大家觉得应该是地势原因,我们这两天一路向南,天气越来越热,自然花期就提前了。

  大家说说笑笑,不经意间就到了马拉加。第一目标就是毕加索博物馆。这座博物馆建成于2013年,馆藏有毕加索家族赠送的200多件作品,有油画、版画、雕塑等。毕加索藏品年代最早的是《小女孩和她的洋娃娃》,那是毕加索15岁时在巴塞罗那的作品,画中人是其妹妹。馆藏品有表现毕加

索个人情感世界和探索风格转换的系列，比如早期作品中，家庭系列里有几张毕加索第一任妻子奥尔嘉的画像，以及他为爱子保罗所作的小画。从整个早中晚期的作品，可以看到毕加索虽然终其一生都在探索立体主义绘画的各种可能性，但也一直在求新求变。有一幅毕加索去世前两年即1971年所画的《浴女》，依然可以看到他的画风在变化：女人柔和的裸体从立体主义严峻的几何线条中脱离出来。

今天参观马拉加毕加索博物馆的最大惊喜是这里正在举行"Olga Picasso"特展，展期2019年2月25日至6月2日，我们算是幸运地赶上了末班车。奥尔嘉·毕加索（Olga Picasso）是毕加索的第一任妻子，出生于俄罗斯，曾是一位芭蕾舞演员，当年毕加索为俄罗斯芭蕾舞团画广告画时认识并爱上了奥尔嘉。本次展览以奥尔嘉的名字命名，展品中有大量毕加索为妻子奥尔嘉及子女所作的油画，也有不少奥尔嘉及其子女的珍贵的摄影作品。不过，毕加索后来移情别恋，离弃了奥尔嘉。展厅正中央两幅大型油画《坐在扶手椅上的女人》，一幅画中的女人是奥尔嘉，另一幅画中的女人就是毕加索当时的情人。

　　从毕加索博物馆出来，经过最热闹的酒吧一条街，前面矗立着的就是马拉加大教堂。教堂外远远就能看见排队等候购票进入的游人。姐妹们打算坐在街边台阶上看街，打望依然是一种了解当地文化的方式。我凭经验知道，凡要收费的教堂一定是精品中的佼佼者，千万不要错过。这是在原有的清真寺基础上改建的基督教教堂，所以堂内的整个布局与装饰都独具特色，金碧辉煌。但最令人惊叹的是该教堂拥有 4000 多个乐管的管风琴在几百

年后的今天依然发挥着自己的作用。走进教堂就听见美妙的音乐声轻轻地响起，在教堂的每一个角落弥漫开来。

教堂登顶也是我的必选项目，4点整，工作人员带着我们30~40人登顶教堂，一层层拾级而上，一个个平台参观拍照，最后上到顶部的北侧塔楼下。塔顶平台也是观景台，可以360度俯瞰马拉加市全景，看地中海，近距离观看对面山顶上亦是马拉加最高处的阿尔卡萨瓦城堡。这是一座穆斯林城堡，历经几百年风雨见证了几个世纪的时代变迁，诠释着马拉加的历史沧桑，城墙里有院落、营房和通道，营房里陈列着18、19世纪西班牙军队的制服和武器。登上城堡古老的希布拉尔法罗城观景台，可以欣赏城堡里的花园，俯瞰整个城市和海港，眺望远处的青山。

去海边走走，即使看不到马拉加地中海的日出也要亲身体验一下马拉加的阳光和阳光海岸。毕加索

曾说过：没有体会过马拉加阳光的人，就创造不出立体主义的绘画艺术。的确，马拉加海岸的天空是一种有着绸缎质感的钴蓝，平静的地中海海面显现的是一种沉甸甸的灰蓝色，一方水土养一方人，马拉加的阳光与海养育出了绘画巨匠毕加索。

　　整个晚上我都处于似睡非睡似醒非醒中，楼下街道来往车辆的噪音与夜归行人的说话声交织在一起，时断时续……

今日，马拉加出发，经龙达（Rondatown）到胡斯卡（Juzcar）游蓝精灵小镇；游完胡斯卡小镇再返回龙达，今晚住宿龙达。

昨晚做准备工作时按惯例与房东联系，结果发生了一点误会。房东新发来的具体地址上赫然出现了塞维利亚的地名，我们一看大吃一惊，我们定的民宿是龙达,怎么可能变成了塞维利亚？！如果今天要去塞维利亚我们的车程就要增加几十公里，更重要的是我们5月22日至24日本来已经安排住塞维利亚,不可能今天提前就去。紧急与房东沟通，你来我往，终于消除误会，原来房东发的地址上塞维利亚是街道名，不是地名。诸如上海有一条成都街,我们就误会住宿地在成都。

清晨 8:30，出发去胡斯卡。从马拉加到胡斯卡必须经过龙达，所以，马拉加——龙达——胡斯卡，总行程 120 多公里，但山路崎岖耗时长，我们到达胡斯卡已 12 点整。虽然是山路行驶但路况还算不错，来去双车道，车速限制一般为 60 公里/小时，有的地段限速 40 或 50 公里/小时。沿途风景优美，粉、红色夹竹桃花和金灿灿的小黄花交相辉映，一丛丛一簇簇在蓝天下分外耀眼，时不时驶过小村庄，独具西班牙特色的黄顶白墙房屋令人赏心悦目。三个多小时车程一点也不乏味。

到了胡斯卡，饱餐一顿之后开始游览闻名海内外的胡斯卡小镇，即"蓝精灵小镇"。2011 年，索尼公司推出 3D 动画片《蓝精灵》，亟须全球推广宣传。经多方考察选择了这座山林小镇作为电影的宣传基地。从此胡斯卡小镇的命运发生了根本的改变。选择胡斯卡的原因很简单，蓝精灵生活在蘑菇房子里，而这里就以盛产蘑菇而闻名——胡斯卡有着非常悠久的真菌类（蘑菇）的生长历史，每到秋季，小镇周边的山中都会长满各类的蘑菇，据说可以见到 150 多个品种。

蓝精灵是 20 世纪末一部风靡全球的电视动画连续剧，我们几个妈妈都是陪着孩子看蓝精灵动画片走过来的。在密林的深处,生活着一群无忧无虑、快乐的小精灵,他们浑身蓝色,所以叫蓝精灵。他们住在自己村子的蘑菇屋里,快乐地生活着,精灵村每天充满了欢声笑语。可是,在森林深处的城堡里住着一个邪恶的巫师格格巫,他整天策划着怎样找到精灵村,活捉蓝精灵们。蓝精灵们运用自己的智慧和格格巫展开了斗争。至今还记得每天晚上听见"可爱的蓝精灵"歌声响起,我就放下手中的一切,安静地坐下来陪女儿观看动画片的情形。

今日慕名而来,终于看到了蓝精灵的家——在一片郁郁葱葱的绿色山林里,沿山势而建、错落有致的蓝色房子,仿佛时光一下子倒退了二十多年,我们置身于蓝精灵生活的童话世界里。停车在小镇入口处,迎面而来的就是蓝色的墙,墙上有蓝精灵小人与格格巫的壁画。慢慢沿小镇步行,无处不在的蓝精灵雕塑、壁画、道路指示牌,窗户外的蓝精灵小人儿,乃至垃圾桶都可爱到不行,宛若一个迷你版的蓝精灵主题乐园。

不得不说的是,今天游玩蓝精灵小镇,转来转去游人稀少,包括我们五人在内也不足二十人。而镇上居民也是寥寥无几,山上山下走来走去,只见到几个老人在街边说话,一个纪念品小店和两个咖啡屋在开门迎客。有些房屋明显无人居住,有些房屋外墙涂料已经斑驳。此番光景令我想起2001年我带学生

访问德国波恩阿登纳中学,一位德国女老师周末带我们去她的家乡做客,她的家乡位于莱茵河畔的小镇,环境优美,街道整洁,连墓地都是鲜花盛开,奇怪的是没有见到几个当地居民。对于我们的疑问,德国老师说,年轻人都不愿住在镇上,去大中城市学习工作定居,所以小镇人口越来越少,只留下老年人了。看来,曾经红极一时的蓝精灵小镇也逃不过逐渐被人遗忘、慢慢衰败的命运。想到这儿,心中不免有些伤感。

下午1:30,结束了蓝精灵小镇的观光之旅,开车上路驶往龙达。不到半小时到了龙达市中心,这里与胡斯卡的冷清与萧条形成鲜明的对比,龙达街上一下子涌出许多市民和游客,几乎有了逛成都春熙路步行街的感觉,我们开玩笑,是不是全西班牙的人都涌到龙达来了?!

几乎所有来到龙达的人都知道龙达被称为"全世界最适合私奔的处所",这要归功于美国作家海明威,他在小说《死在午后》中这样描述:"如果你想要去西班牙度蜜月或者跟人私奔的话,龙达是最适合的地方,全部城市目之所及都是浪漫的风景……如果在龙达度蜜月或私奔都不顺利的话,那最好去巴黎,各奔前程、另觅新欢好了。"龙达被文人墨客们赐予过无数的名称,任何一个都足以让你心动不已——"建在云端的城市""悬崖边的白色小镇""全世界最适合私奔的地方"……同时这里也是西班牙斗牛士的故乡,它汇聚了最让人心动的词汇:漂亮、神秘、峭拔、纯粹、浪漫、私密、刺激、狂热。

前面是一个巨大的白色圆形建筑,无须介绍,那就是大名鼎鼎的龙达斗牛场了。这座白色的巨大圆形建筑建于1785年,是西班牙古老的斗牛场,可容纳5000名观众,斗牛场的一隅设有斗牛博物馆,展出了著名斗牛士安东尼奥·奥多奈斯、佩德罗·罗梅罗等人的斗牛装备及私人用品。斗牛场外广场中央圆形花台上矗立着一座处于攻击状态的青铜公牛雕塑,引来无数游客拍照留念;几米之外广场边上的一尊褐色斗牛士雕塑却仿佛被人遗忘,与公牛雕塑形成鲜明的对比。广场连接着大型花园,穿过花园往外是一圈铁制围栏围成的巨大观景台,供游人欣赏周边及下方的自然风光。

龙达最著名的景点当属龙达新桥——一座横跨埃尔塔霍峡谷的悬桥,将龙达所在峡谷两端连通,成就了这座建在云端的天空之城。站在桥上看对面,一幢幢白色小屋沿山势而建,层层叠叠,矗立于坚韧岩石之巅,下面便是如同刀劈斧削的万丈深渊,万丈深渊的底部分明可见清清溪水流淌。这可能是全世界最无可复制的景致,也是最吸引各方游客的地方。跨过新桥有一突出的巨大观景台,可欣赏四周美景,亦可观看雄伟壮观的龙达新桥,这儿是拍照的最佳位置。再过去就是龙达老城区,部分景点和酒店都在老城

区内。

　　还需要特别介绍一下，今天我们一到龙达就发现这街上全是人，人群中三三两两穿着鲜艳色彩民族服装的男士女士悠闲地走来走去，男士都是斗牛士装扮，女士都是长长的裙装、头戴帽子，我甚至看见有位女士打扮得很英俊，腰间别着手枪。凭直觉，今天一定是龙达的一个盛大节日，我专门询问了房东，房东说了一个西班牙名字，因不懂西班牙语没有记下来。据说一年365天西班牙就有265天是节日，我们上周日到瓦伦西亚就遇上了那儿的一个盛装游行，街上热闹非凡。而明天我们又要去往科尔多瓦观赏那儿一年一度的庭院节。

　　今日龙达一游还有一件奇事值得一说，下午3点过不到4点，我们打算找个咖啡馆或酒吧坐下来喝咖啡看街市，好好享受一下龙达人民愉悦的周末时光。接连走了几家均关着门，原来他们这儿下午4点关门，晚上8点再开门营业。还有这等好事，下午休息4个小时。突然想起前天在"欧洲的阳台"内尔哈看房东给我们的旅游指南上就有店铺

营业时间,上午 10 时至下午 2 时,然后是下午 5 时或 6 时再次开门至晚上 9 时、10 时不等。西班牙人民真是太会过日子了!

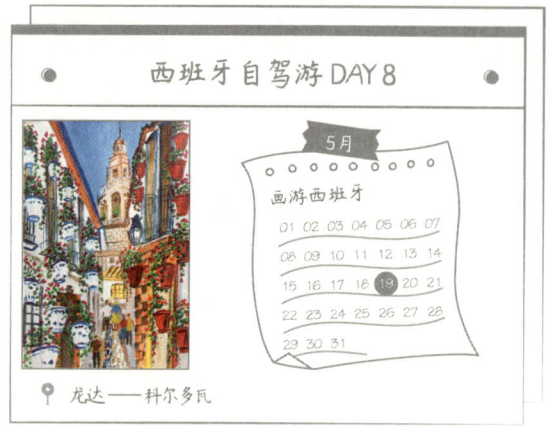

今日行程是龙达至科尔多瓦（Córdoba），行程 165 公里，预计行车时间 2 小时 45 分，估计不全是高速路，应该有一段既不是高速也不是国道的无等级公路。

西班牙自驾已经第 8 天了，只是从巴塞罗那至瓦伦西亚的高速路以及瓦伦西亚至阿利坎特很少路段高速路收费，其余的西班牙南部城市高速路一律免费通行。相比国内自驾，过路费是一笔不菲的支出，在西班牙自驾就太爽了，车少还省过路费。

在西班牙自驾，无论高速还是国道乡村公路，一路走来风景不断切换。可以毫不夸张地说，我

们真是一路风景一路歌。从龙达至科尔多瓦的路上,更是风景这边独好,浅丘的山坡上大片大片的麦田,金黄色的麦浪随风起伏;绿油油的田地里金黄色的向日葵花迎着太阳开放,绿色、金黄、红色、粉色……仿佛上帝打翻了调色板,时时激起我心中画画的冲动,梵高的橄榄树、丝柏树、向日葵不断在脑海里闪现。大家一路感慨:西班牙真是自驾旅行的最佳地点。

来科尔多瓦就是奔着"庭院节"来的,科尔多瓦的庭院节被联合国教科文组织列入世界非物质文化遗产。每年5月，西班牙科尔多瓦人会用艳丽的鲜花和精巧的摆设装饰自家的庭院，迎接春天的到来，后来这个习俗逐渐演变成科尔多瓦盛大的节日，这便是一年一度的庭院节。一直以来，无论贵族之家还是平民百姓都热爱园艺、热爱大自然，热衷于装点自家的庭院。每到庭院节，整个科尔多瓦会成为花的海洋，花香在这座古老的小城弥漫开来。

我们一早出发，3个小时的车程，11点过到达科尔多瓦。泊车城外，徒步进城直奔百花巷，顾名思义百花巷就是百花盛开的巷子，这里应该就是庭院节的主场。百花巷纵横交错，随便钻进一条巷道，门前、窗外、墙上错落有致地挂着各色花盆，盆中鲜花盛开，花朵宛如少女般甜美迷人，据说当地特色民居庭院还会举行鲜花庭院比赛，看哪家的鲜花和盆景装饰得最

漂亮。这是一个充满鲜花与园艺的小镇,这是一个热爱大自然的民族。

今天是科尔多瓦庭院节最后一天,很多庭院已经闭门谢客,我们只参观了一家庭院,庭院较小,但设计非常精美,满庭院的鲜花盛开,四个园角还有小型精巧的摆设,体现了主人的匠心。联想起去年夏天,我和严先生去德国维尔茨堡参加当地小镇的庭院节,各家各户打开院门邀请各方来客参观自家的院落,有些院落规模很大,庭院设计十分别致精美,配上精心种植的各种颜色各个品种的花卉及剪裁有致的盆栽,算得上一个个小型的花卉展。

紧邻百花巷就是科尔多瓦大清真寺,附近一带街道人们摩肩接踵,似乎昨

日在龙达的人们今日又一起涌向了科尔多瓦。这里汇集的人流，既有一队一队脖子上挂着标牌的旅行团，亦有推着婴儿车领着孩子俨然当地人模样的一家老小，还有背着背包自由行的年轻情侣，老年夫妇也不在少数。整个科尔多瓦不仅是花的海洋，也是人的海洋。还好，行人虽然多，街道仍然井然有序，地面干干净净，没有那种人声鼎沸嘈杂混乱的场景。

参观入选世界文化遗产的大清真寺和登塔顶是我的必选项目。从 13 世纪起，穆斯林艺术对科尔多瓦这个城市产生了不可估量的影响，19 世纪的新摩尔艺术形式对城市发展也是功不可没。科尔多瓦大清真寺是科尔多瓦哈里发王国文明不可替代的见证，同时也是伊斯兰宗教建筑值得仿效的一个范例。大清真寺始建于 8 世纪，当时科尔多瓦是整个欧洲的中心，人口达 50 万之多。后来穆斯林占领了科尔多瓦，改建了当时西哥特人天主教会的一半，而后基督徒又重新使清真寺变为教堂。设想一下，如果当年没有两次大规模的改建，而是再多建一座清真寺或教堂，于科尔多瓦都仅仅只是一座座精美的宗教建筑，而不是科尔多瓦大清真寺这样独有的宗教融合的建筑。世界上已经有太多完美的清真寺和教堂，却独独缺少科尔多瓦大清真寺的多样性，这样的建筑像是在证明另一种包容：我们不只是我们自己。

登教堂塔顶是我每游历一个欧洲城市的必选项目，多年如此。因为欧洲城市大教堂一般都建于城市中心，而教堂往往是城市的最高建筑，登上教堂塔顶就可360度俯瞰这座城市。果然，当

我站在大清真寺塔顶，不仅能够俯瞰整个大清真寺，还能360度把整个科尔多瓦市区及四周山峦一网打尽，很多地面绝对看不见的细节历历在目，诸如穿城而过的科尔多瓦河，在密集的城市建筑中若隐若现，城市四围的山峦赤橙黄绿青蓝紫的植被美轮美奂。登高望远，除去观赏城市风景，也是一种陶冶身心的方式，一览众山小，有一种柳暗花明豁然开朗的感觉。

今日，乡间小镇休整，闲逛，发呆。

我们昨晚住科尔多瓦郊区乡村别墅，距离科尔多瓦市区约30公里，出城之后驶往山村的路上一共会车两次，可见这条道来往车辆少之又少，是一个僻静之处。自驾上路9天，占整个自驾行程的三分之一，整日驾车、逛街、观景、每天几乎都是两三万步，我还要抓紧一切时间写游记，所以大家决定今日就宅在别墅里休整，我呢，乡村观景，享受西班牙的乡土气息。

今晨睡够了，慵懒地躺在床上看看微信上先生发的昨日与女儿、女婿、亲家母外出游小镇所拍的照片，离开法兰克福9天了，思念之情涌上

心头。与往日行军打仗般相比,今日清晨从容了许多,慵懒地起床,慵懒地洗漱,再慵懒地享用早餐,喝了牛奶吃了面包、鸡蛋,还有妹妹们制作的香菇包子,惬意地享受异国他乡的早餐时光。

早餐后出门观光小镇,一个人走在无任何游客的街道上,时不时见到当地居民互相打个招呼,西班牙语的"你好"发音有点像"乌拉"。沿山势而建的村庄街道慢行,经过一家家栅栏鲜花围着的别墅,阵阵狗吠声此起彼伏,其间夹杂着鸡叫声,好似奏响了

一段乡村交响乐。乡村教堂矗立在小巷尽头,白色的石梯通向高处的教堂,这里应该不是基督教教堂。我们随意穿行在巷道里,观赏各家各户门前窗外盛开的鲜花。

前面传来叽叽喳喳的小孩子说话声,循声走过去,是用五彩斑斓的栅栏围着的一个区域,原来是一个幼儿园。欧洲的乡镇即使没有小学、中学,至少也有一两个幼儿园。此时尚早,正是家长送孩子上幼儿园的时候。我静静地站在栅栏外,看着一个个家长带着孩子来到幼儿园,与孩子们道别,再一一离开。突然有一种时空穿越的感觉,仿佛回到了女儿上幼儿园的那个年代。

再往前走,来到村边,眺望远处丘陵,一片田园风光,黄的是麦田、绿的是花生地、灰绿色的是橄榄树林,裸露的褐黄色土地上挺立着一棵棵大树……到哪儿去采风，到哪儿去寻找绘画素材？！只要有一双发现美的眼睛，随处都是美丽动人的风景。走累了，找一个路边长椅坐着，有红花绿树陪伴，随意感受乡村慢生活的乐趣，一边在 iPhone 上敲打着我的游记，记下我此时此刻的感受。也许在过往路人的眼光中，我就是一道风景！

中午回到别墅，妹妹们在小镇超市买了一大堆东西，午餐香辣油焖大虾、黄花木耳番茄鸡蛋汤外加米饭。五姐妹举杯畅饮，庆贺我们欢乐而惬意的西班牙自驾之旅！

傍晚时分，我们吃过晚餐，商量了一下，最好今日加好油，免得明日上路耽误时间。反正夏天天黑得晚，正好我们也外出看看夕阳时分的西班牙田园风光，也许还有意外收获。果然，驾车出去加油，前方路旁花田金灿灿一片，我们猜测可能是向日葵花田，驱车驶近一看，不出所料，夕阳金色的光芒洒在金色的向日葵花田上，那就是一幅幅令人陶

醉的美丽油画。

回到小镇，我们仍然舍不得回家，舍不得夕阳余晖下的小镇风光。我们五姐妹在小镇最高处平台上落座，看落日余晖洒在金色的田野上，洒在五彩斑斓的建筑房屋上……

今日从科尔多瓦至塞维利亚（Sevilla），行程 139 公里，预计行车时间 2 小时零 9 分钟。

9 时许，我们告别科尔多瓦乡村，驾车上路，直奔塞维利亚。一路上，我这个副驾除了给主驾导航，还讲一些旅游中的逸闻趣事，让我们的旅途充满欢声笑语。

即将到达塞维利亚，心中充满期待。塞维利亚是我们本次西班牙自驾的重头戏之一。虽然大多国人对这个历史文化名城不是十分了解，但我却对这个城市充满了极大的兴趣。塞维利亚建城于公元前 43 年，历史上先后被罗马人、西哥特人占领，公元 712 年被阿拉伯人入侵，公元 11 世纪，

摩尔人在此建立独立王国,前后2000多年,各个民族为如今的塞维利亚留下了许多著名遗迹。

　　塞维利亚是弗拉明戈的故乡,是《唐璜》故事的发生地;塞维利亚大教堂(Catedral de Sevilla)是与梵蒂冈圣彼得大教堂和米兰大教堂齐名的世界三大教堂之一,教堂希拉尔达塔高达34层楼,是西班牙几个世纪以来最著名的高层建筑,1987年被选入世界人类遗产;塞维利亚王宫(Alcázar de Sevilla)是欧洲最古老的皇家宫殿;塞维利亚大学(University of Seville)是西班牙排名第三的高等学府,是《卡门》故事的发生地;还有都市阳伞（Metropol Parasol），修建于13世纪的黄金塔（Torre del Oro.)……

　　一路顺畅，11点过我们平安到达塞维利亚，入住民宿公寓，一顿丰盛的午餐后，众姐妹难得的午休，打算下午4点过再出门看风景。5月的西班牙骄阳似火，晒得人身上发痛。虽然每天戴了遮阳帽抹了防晒霜，仍然每个人都不同程度地晒黑了。欧洲人喜欢晒，晒成古铜色皮肤就是最值

得骄傲的成就,亚洲人天生不能晒也怕晒。

　　下午4时许出门,我们第一目标是塞维利亚西班牙广场,虽说在西班牙几乎每个城市都有一个西班牙广场,但塞维利亚的西班牙广场在整个西班牙是数一数二最漂亮、最雄伟壮观的建筑群。广场建于1929年,距今已有近百年的历史。整个广场呈半圆形,外围是古香古色的红砖建筑,红砖建筑物的墙壁上有58个彩瓷壁龛画,代表西班牙58个不同区域的历史

画面。此红砖建筑最早是为伊比利亚美洲世界博览会而建造,后来作为塞维利亚市政府办公部门所在地。建筑与广场中间隔着一条护城河,河上有几个蓝黄色瓷砖砌成的拱桥,造型精美,颜色鲜亮。广场中间有个巨大的喷泉,而广场缺口处正对玛利亚·路易莎公园。

看过西班牙广场我们就此分手,姐妹们去街边喝咖啡聊天,我一个人闯世界。这几天用探途离线地图给车导航积攒了经验,平添了勇气,决定一个人到处走走看看。这个探途离线地图有一个很大的优点,上面标出你所在地附近有哪些值得一看的景点,还配有简单的景点介绍,你可以根据自身爱好选择景点观看。分手后我直奔玛丽亚·路易莎(Maria Luisa)

公园。说是公园,其实它更像是一个植物园,五月时节鲜花盛开,姹紫嫣红分外美丽。公园池塘旁有喷泉,周围环绕着茂密高大的棕榈树林,橘子树上挂满了金黄色的果子。公园里甚至有长尾小鹦鹉以及鸭子和天鹅。

今天第一次步行导航,十分成功。虽然偶有走错道路,系统自然会给你重新规划路线,一路走走停停东看西看,不知不觉就到了塞维利亚的著名景点——都市阳伞。都市阳伞俗称"道成肉身广场的蘑菇",高 26 米,是全世界最大的木结构建筑。都市阳伞建成于 2011 年,设计师是德国建筑师于尔根·迈耶·赫尔曼。从广场上观看都市阳伞当然是塞维利亚最受欢迎的免费活动之一。此外如果你愿意,可以花 3 欧元乘电梯到阳伞顶上,在欣赏塞维利亚最佳景观的坡道上走一走。我当然是不会放过这样奇妙而

独特的机会的,立即购票乘电梯上顶,沿螺旋步道向上一层层走到顶。站在顶上观景台,360度全方位看塞维利亚城市建筑,金色夕阳下的塞维利亚城尽收眼底,美丽壮观……

今天第一次单独行动，无拘无束自由自在地闲逛，感觉不错，天色已经渐渐暗了，我才依依不舍地回到住宿地。

今日，继续塞维利亚市内观光——斗牛场、美术馆、黄金塔；重头戏为下午参观塞维利亚王宫、塞维利亚大学。

参观王宫是下午 3:00，我们约好 2:30 在王宫大门处集合。吃过早餐我独自出门去塞维利亚美术馆看画，因为美术馆开馆时间是上午 11:00 至晚上 9:00，我计划先参观斗牛场再去美术馆。但到达斗牛场时发现离开馆时间还有一个多小时，正好有时间观赏一下斗牛场对面穿城而过的瓜达尔基维尔河，以及河畔的黄金塔。9 时许的太阳照着瓜达尔基维尔河对岸，层层叠叠错落有致黄红白相间的建筑在阳光照射下耀眼夺目，蓝蓝的天空衬着清清的河水，随手拍一张都可以成为塞

维利亚的风景明信片。

  修建于 13 世纪的黄金塔是塞维利亚黄金时代的标志。黄金塔因以金色瓷砖贴面而得名，昔日的金色瓷砖经百年风雨已经荡然无存，但是黄金塔在阳光的照耀下仍显得金光闪闪。这里曾作为军事瞭望塔，传说在辉煌的航海时代，这里曾经是那些满载着黄金、白银从美洲回来的船只的终点，塔内存放了各种财宝，今日的黄金塔成了航海博物馆，是塞维利亚辉煌的航海史的见证。

购票（3欧元）登塔顺带参观黄金塔航海博物馆。说是航海博物馆，其实整体并不大，占地一层楼，绕塔一周360度浏览，馆内存放着古海图、古船模型及各种船头装饰，还有不少戎装人物照片或画像。沿石梯攀爬而上，约十层楼100梯，一口气就上顶了。站在黄金塔塔顶，俯瞰脚下呈丁字形展开的主干道人来车往，停靠河岸的邮轮不断有人下船上岸，看来这儿是一个邮轮停靠点。

10点半左右，回到塞尔维利亚斗牛场。塞维利亚斗牛场全名为"皇家骑士俱乐部斗牛场"位于塞维利亚最著名的斗牛区阿雷纳尔（Arenal），是西班牙最传统的斗牛场之一，也是西班牙最古老最美丽的斗牛场之一，每年四月到九月在这里都会不定期举办斗牛比赛。已经有不少人排队购票入场，我随着队列购票（8欧），领耳机，然后分为二十个人一批，由工作人员带领着一个区域一个区域参观。

首先进入的是观众进场的大红门,接着进入博物馆画厅,这些斗牛题材的油画、版画展现了塞维利亚几百年的斗牛历史。接下来参观斗牛士展厅,这里展示的都是历史上著名斗牛士穿过用过的服装斗篷等,墙面上有大幅油画,其中最值得一看的是毕加索亲笔作画的斗牛士披肩。

进入斗牛场建筑中最醒目最富丽堂皇的半圆形拱廊和王子门。圆形的看台下金灿灿的黄沙在阳光下熠熠生辉。随着导游的指引参观斗牛场,心情随着耳机里的介绍变幻起伏,脑海中不断浮现出曾经在电影电视里见到的斗牛场景——身着华丽服装的斗牛士,挥舞靓丽斗篷逗弄公牛,公牛被刺中的瞬间,观众席排山倒海般的欢呼……斗牛场虽然

华丽壮观,但斗牛这种传统活动,场面太血腥了。

然后去塞维利亚美术馆,门票居然才1.45欧,太便宜了吧!塞维利亚美术馆坐落于美丽的前修道院 Convento de la Merced 内,美术馆的建筑本身就是一个艺术品,充分证明了塞维利亚在西班牙17世纪艺术黄金时代的主导地位。这里一楼二楼大部分展品都是17、18世纪色调沉重阴郁的宗教类绘画、雕塑,十分适合艺术迷们参观。我还是比较喜欢三楼展厅20世纪色彩鲜艳的人物画、风景画,尤其其中几幅女孩和男孩的肖像画,生动活泼,给感官带来柔和愉悦的感觉。

下午3点,与姐妹会合一同参观塞维利亚王宫。塞维利亚王宫是欧洲最古老的皇家宫殿,是摩尔人留在西班牙的阿拉伯宫殿庭院的经典之作,于1984年被列入世界遗产,这里也是《权力的游戏》中多恩的马泰尔家族的皇宫庭园拍摄地。王宫修建于中世纪，集采了塞维利亚历史建筑的精华，建于 14 世纪的佩德罗一世宫殿，运用灰泥工艺与蔓藤花纹样式，赋予大厅建筑华丽的视觉冲击力，堪称整座王宫的精华所在。除去建筑，王宫的花园也混合阿拉伯式和哥特式两种风格，艺术魅力独特，值得细细品味。总的来说，无论是王宫的建筑还是花园的设计布局，塞维利亚王宫的精美都不逊色于格拉纳达的阿尔罕布拉宫。

最值得一提的是王宫里最大的一幅油画《圣费尔南多的最后时日》。这也是我见过的最震撼心灵的油画。圣费尔南多辉煌事迹无数，最大成就就是高举着"尊王攘夷"的大旗（基督徒收复失地），打下了小半个西班牙的江山。画面上，在王宫寝室昏暗的烛光下，如传说中的一样，国王身着一袭白色的粗麻长袍，瘫跪在地上。两个人勉强扶住

他的上身,他撑开双手,整个身体宛如一个白色的十字架。王冠和权杖,都被抛在一边的地上。这位君王,只是一位头发花白的垂危老人。在他的对面,披着金色斗篷站立着的是一个牧师,他在为圣费尔南多做临终的祈祷。

参观完王宫,姐妹们准备去看黄金塔,我去《卡门》故事的发生地——塞维利亚大学看看。塞维利亚大学(University of Seville)是西班牙排名第三的高等学府,这座始建于1770年的大学曾经是欧洲第一家烟草工厂,如今华丽转身为塞维利亚大学校园。当初的烟草工厂是18世纪最豪华的工业建筑之一。

走在塞维利亚大学的校园,看见有学生匆匆过往,也有三三两两坐在草地上看书说话,甚至有一群男女学生围坐在一起打牌、喝啤酒,这般情形自然勾起了我四十年前校园生活的记忆。当然,也有推着婴儿车领着孩子的夫妇以及像我这样背着背包的旅行者。我悠闲地穿过大学校园进入学校大楼,大楼里设有信息中心,可以在这里租用耳机听大学介绍,语种只有西班牙语与英语;大楼的石头立柱大约有三四人合抱那么粗大,楼梯栏杆都是石头和大理石材料修建。大楼中央部分有一组白色雕塑,居然还有断臂的维纳斯雕塑,我看与卢浮宫的不差分毫。雕塑群旁有一个不大的演出台,台上坐着两个男子正在说话,台下摆放着整齐的椅子,今晚可能有一场小型的校园音乐会吧?

到塞维利亚已经第三天了,仍然是市内观光,上午参观贵族住宅卡萨萨利纳斯;中午12时参观塞维利亚大教堂;下午参观弗拉明戈舞蹈博物馆;傍晚西班牙广场。

参观大教堂的时间是中午12点,我吃过早餐先出门去看卡萨萨利纳斯博物馆。说是博物馆实际是一个私人住宅,名称是第一任主人的名字,现在居住在此的是第二任主人。早在16世纪,塞维利亚是欧洲最重要的城市,其港口运来了大量来自新大陆的财富,塞维利亚甚至一度被称为"新罗马",这幢建筑就是哥特式和文艺复兴风格的结合。

卡萨萨利纳斯博物馆是两层楼的四合院,一

进一出两个庭院，即由两个四合院组成。庭院的走廊就是这几天在王宫修道院改建的美术馆里见到的那种雕梁画栋的大理石柱子和拱形门，雕刻十分精致，墙壁四周也是类似细小瓷砖粘贴的略带蓝绿色图案的装饰墙裙。外庭四合院中间栽种的绿树红花，内庭四合院正中地面是一组由细小瓷片拼成的人物、动物彩绘图案，很精致，一面墙上高高的圣母怀抱圣婴的雕塑预示着主人的信仰。底楼有厨房、饭厅、洗衣房，据导游介绍是夏天用的，冬天的厨房、饭厅在二楼上。书房也在一楼，从地面到天花板都装饰得十分精致，整个书房的家具都很华丽考究，导游说这些都是当时从意大利运来的高档家具。

中午12时，我和姐妹们会合，准时进入大教堂参观。塞维利亚大教堂(Catedral de Sevilla)是与梵蒂冈圣彼得大教堂和意大利米兰大教堂齐名的世界三大教堂之一。能称得上世界前三的教堂，当然是奇珍异宝无数。无论建筑，雕刻都十分精美，最著名的莫过于教堂的钟楼希拉尔达塔(Giralda)。希拉尔达塔塔高98米，曾经几个世纪以来是西班牙的最高建筑。登塔顶不像一般教堂那样爬楼梯，而是走斜坡，如此修建的目的是为了当年马可以登顶。对于游人来说也要省力得多，34层楼，一口气直接上顶。

站在塔顶 360 度俯瞰整个塞维利亚的美景,最先看到的就是穿城而过的瓜达基维尔河和塞维利亚"皇家骑士俱乐部斗牛场",连斗牛场中央地面上的黄沙都看得很清楚。

漫步在教堂内,你会被它的华丽和精致一再震撼,主祭坛贴着来自哥伦布从南美洲带回来的第一批 24K 黄金金箔,历经几个世纪仍然金光灿灿,多达 1300 尊的雕像诉说着耶稣从诞生到升天的圣经故事;十多层楼高的巴洛克风格的管风琴顶天立地,气势恢宏;精致的彩绘花窗、各种各样的圣母以及耶稣受难的雕像、许许多多著名艺术家的绘画作品、大大小小的塔楼的雕铸模型,以及大主教穿过的袍子、鞋子、戴过的手套,等等,各种珍贵文物数不过来,也看不够。

对于世界各国慕名而来观光大教堂的游人来说,大教堂内最著名也最引人瞩目的莫过于哥伦布之墓,由四尊身材巨大的武士雕塑在四个角抬着哥伦布的棺木,武士站立于近一人高的大理石基座上,整个墓气势恢宏,场面十分震撼。能够在大教堂中占有如此重要的位置,可以想见哥伦布在西班牙人民心目中至高的地位和辉煌的功绩。昨天在参观王宫时见到一幅巨大

的油画，画面正中央女王站立在海边，寓意着当年西班牙的海上霸权，女王上空是飞翔的哥伦布，寓意发现新大陆的哥伦布已经升入天国。

我们当初计划西班牙之行时就有两个愿望，一是在西班牙现场观看一场西班牙足球赛，第二个愿望就是参观塞维利亚弗拉明戈舞蹈博物馆，看一场高等级的弗拉明戈演出。塞维利亚的弗拉明戈舞蹈博物馆是极少数致力于展现弗拉明戈舞蹈艺术的博物馆之一，于 2006 年开业。它是世界上第一个，也是独有的一座弗拉明戈博物馆。

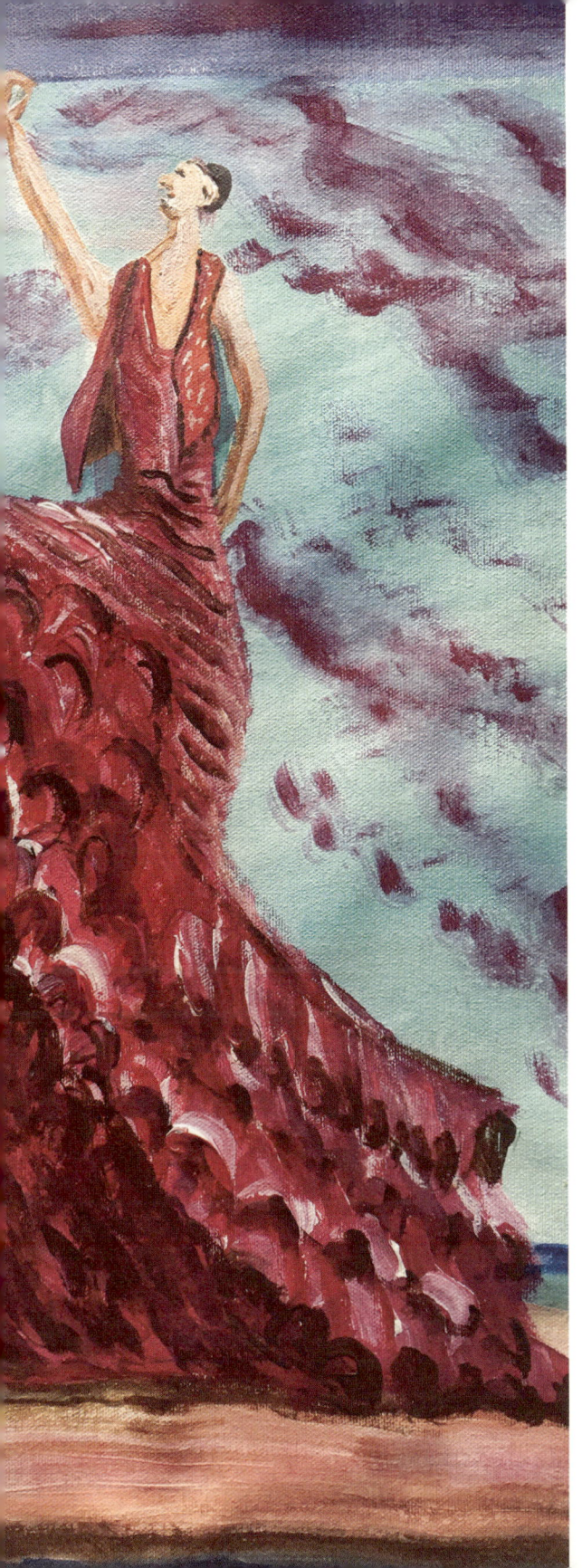

　　我从大教堂出来就直奔弗拉明戈舞蹈博物馆,被告知演出门票早已售罄,只能参观博物馆。当然参观博物馆也是一个难得的体验,首先通过多媒体影像了解弗拉明戈舞蹈起源及演化的历史进程,然后观看影像,尤其是20世纪六七十年代弗拉明戈舞蹈最辉煌时期西班牙国宝级艺术家的演出。随后是各个展室,有影像、画作、服装鞋帽、器乐道具,每个地方都有语音解说,五种语言语音(含中文)供游人选择。出了展室,四周墙上挂满了20世纪六七十年代弗拉明戈舞蹈顶级艺术家们的剧照。

　　突然,楼下音乐响起,随之一阵急促的踢踏声,原来下面就是演出场,5点的演出开始了,我心中一阵欢喜,居然在购票未果心中满怀遗憾之时,看了一场高等级的弗拉明戈演出,而且是免费的,虽然没坐在观众席上,但居高临下看演出又是别样风景,真是"得来全不费工夫"!如果说一座城市的文化,能用舞蹈流淌出来,那么塞维利亚艺术家就是用弗拉明戈舞演绎出了西班牙人民似火的热情。来了塞维利亚怎么能不看一场弗拉明戈舞蹈表演呢?在楼下舞台中央,弗拉明戈舞女曼妙的身姿、热情的舞蹈、生动的表情、精准的节奏感以及吉他悠扬的配乐,非常具有感染力。舞蹈脚步声、击掌声、现场悠扬的吟唱声和吉他声,融汇成了最独特的弗拉明戈舞蹈表演。

　　看了近一个小时,演出还未结束,姐妹们留言准备晚上 7:40 去西班牙广场看夕阳,我立即改道去西班牙广场与她们会合。金色的阳光洒在广场上,广场中央巨大的喷泉在阳光的投射下,水雾上呈现出一圈淡淡的彩虹,无数游人用手机拍下这生动美丽的场景。楼群周围的人工护城河上数座小桥,造型优美别致,桥的栏杆上都是由瓷砖镶嵌的彩色图案。年轻情侣们双双对对泛舟小河,又是另一道动人的风景线。

　　主塔楼下欢呼声此起彼伏,走近一看,原来是两位女孩正在表演弗拉明戈舞蹈,另外两位男士弹吉他和唱歌伴奏,热情奔放的弗拉明戈舞蹈赢得观众一阵阵热烈的喝彩。一段舞蹈结束,两位女孩拿着盒子收钱,愿意给的就给,不愿意的也不勉强。比起在博物馆看的弗拉明戈演出,无论从服装还是舞蹈本身来说都差得很远,但是演出给游人增添了不少欢乐,人们还是不断地向盒子里放着 1 欧、2 欧的硬币,我也表示了一下。

注：明日从西班牙塞维利亚去葡萄牙，法鲁1日，里斯本2日，辛特拉1日，波尔图1日，瓜达尔1日，再回到西班牙托莱多。

今日离开葡萄牙瓜尔达，驶往西班牙托莱多（Toledo，曾经的西班牙首都）。

今晨梳洗完毕6时许出门看晨曦中的小村落，朝阳刚刚在山脊升起，把金色的阳光洒在村落的屋顶上，随手一拍就是一张美丽迷人的照片。一道金色的光芒投射在高处一片残垣断壁上，喔，那是一个废旧的城堡，斑驳的城堡围墙，高高矗立的十字架，石头阶梯，红色大门，城门洞开，我拾级而上，慢慢走进城堡，残破的城堡已经只剩下框架，地面乱石堆积，石堆石缝上长满了杂草，野花怒放。朝霞给城堡涂抹上一层金辉，不由得让人感叹：昔日帝王今何在，残垣断壁述辉煌，人生短短几十载，唯有日月永长存。

昨晚我们在广场遇见一个年轻女孩，聊了几句，为

什么我们在小镇见到的都是老人？她说年轻人在这里找不到工作都进城去了。今日看见残破城堡，更加心生感慨。小镇人家既有占地上千平方米的大豪宅，门廊精雕细琢，院子花草繁茂，各种栩栩如生的动物、人像雕塑点缀在鲜花丛中，也有不少房屋外墙斑驳陆离一幅破败凋零的景象。小镇由盛及衰便是葡萄牙百年历史变迁的一个缩影，也是世界发展城市化的一个趋势，小镇留不住年轻人，也就失去了生生不息发展的内动力。再过百年小镇安在？！

今天我们的行程从葡萄牙瓜尔达到西班牙托莱多，探途显示426公里，预计行车4小时30分。

行车途中，我们突然看见前面有一座环岛，环岛上矗立着一座石碑，石碑上面有西

班牙国旗徽章图案及西班牙字样,旁边标牌上有欧盟标志。我们恍然大悟这儿就是葡萄牙进入西班牙的边界线,我们又回到西班牙了。接下来二十多公里的乡村公路,两旁不时掠过大片大片牧场,牛群在阳光下悠闲地漫步吃草,遇到这般风景我们自然十分高兴,打开车窗欢呼拍照。再后来大约开了二十多公里,两旁全是茂密的森林,我们的疑问来了,难道我们不是从葡萄牙到西班牙,而是行驶在挪威的森林中吗?再说怎么可能从葡萄牙到西班牙的路全是乡村公路,且几乎没有来往车辆?难道葡萄牙到西班牙没有高速公路吗?不可能!但是我们可以肯定没有走错道,探途一直都在线上,并指示路线正确,而公路两旁全是绿色的森林,探途显示我们正行驶在一片绿色森林里。大家一笑,管他的,走错了更好,正好看别样风景。大家一高兴找个地方停车,尽情拍照,蓝天、森林、流水、石桥,简直是人间仙境。

终于又回到了高速路,又见到了西班牙公路两旁大片大片金灿灿的黄花,高速隔离带粉色白色相间的夹竹桃花,远处大片大片的橄榄树林。我们欢呼着,西班牙,我们回来了。五时许到达托莱多,停在地标建筑太阳门旁,房主担心我们不熟悉老城街巷道路,一家三口专程赶来接我们。热情的西班牙人!

据记载,托莱多为欧洲历史名城,公元前192年被罗马人占领。公元527年西哥特

人统治西班牙并在此定都。公元711年被摩尔人攻陷。1085年卡斯蒂利亚国王阿方索六世收复该城后，托莱多成为卡斯蒂利亚王宫首府和全国宗教中心。1561年，腓力二世迁都马德里，托莱多从此衰落，但宗教地位依然如故，至今仍是西班牙红衣大主教驻地。

晚7时许，我和凤妹儿出门看夕阳。托莱多老城依山势而建，从太阳门进城一条主路，两侧呈射线发散出去都是弯弯曲曲狭窄的小巷，有些地方真得贴着城墙避让车辆通行。不需要用地图指路，直接朝入城方向走就行了，首先经过一座教堂，推门一看大约十来人正跪在木踏板上做礼拜，一位老年妇女领着众位信徒诵读经文。

教堂下方就是古城堡，气势雄伟的城堡坐落在托莱多的制高点上，16世纪中叶时是查理五世国王的王宫。城堡呈正方形，四角有四个方形尖顶塔楼，登塔楼极目四望，远近景物一览无余。数百年来，这座城堡刻画着西班牙民族盛衰史的各种印记。1936年爆发的历时三年的内战，这里也曾是重要的战场之一，城堡四周的累累弹痕，至今依稀可辨。金色的太阳把余晖尽情倾洒在古城墙古城堡上，我们走走停停一直来到太阳门。

太阳余晖褪去，从清晨葡萄牙瓜尔达小山村看日出到傍晚西班牙托莱多赏日落，美好的一天结束了。

今日上午继续游览托莱多古城、大教堂、历史博物馆,乱走闲逛。下午2点出发,从托莱多到西班牙首都马德里(Madrid)。

吃完早餐出门逛街,今天上午三大目标,目标之一是托莱多大教堂。

托莱多大教堂建于1227年至1493年,内部装饰完成于18世纪,主体为哥特式建筑,内部装潢吸收了穆德哈尔等其他风格,可以说是一座各种建筑艺术风格相结合的庞大建筑群,是西班牙著名的大教堂之一,也是西班牙首席红衣大主教住地。走进教堂我们首先就被教堂的气势所震撼。教堂主堂长112米,宽56米,高45米,由88根大石柱支撑。大教堂的唱诗室位于主堂中

央,唱诗班的两排座椅为西班牙木雕艺术之珍宝,下排为哥特式,上排为文艺复兴式,两种艺术风格水乳交融。下排座椅上方刻有54幅连环画,生动地记载了光复战争中收复格拉纳达的历史场面。主堂背面一圈上百座大大小小的雕塑组成了一幅巨大的画面,呈180度扇面展开,画面顶天立地,雕塑技术精湛,人物形象栩栩如生。主堂左后方有一座几米高的纯金雕塑,下方四个天使抬着一个鸟笼似的拱顶尖庭,此乃稀世珍宝。

我随第一批登顶的游人10:30登上了教堂的钟楼。教堂钟楼高90

米,顶部中央挂着一口17.5吨的大钟(铸于1735年),这是我见过的所有教堂里最大的钟,比巴黎圣母院塔楼的钟还大。最奇特的是大钟一侧有一个大裂缝从顶部一直拉下来,仔细看看不像是破裂而形成的,而是用什么工具切割的。我猜可能因为大钟过于巨大,敲钟时回音太大会对钟楼或敲钟人产生不利影响,故有意切割的裂缝。

第二目标是托莱多历史博物馆。这里曾经是托莱多驻防部队驻地,地下室有士兵的住房和装兵器的房间。展厅的陈列品大多数是用于作战的兵器,有一个大型投石装置引起了我的注意,英文解说词写着:这个装置有着悠久的历史,最早要追溯到公元前3世纪的中国,公元6世纪才传入地中海。真是太神奇了,公元前3世纪(距今2000多年前)中国人就发明了类似今天大炮的投石机。

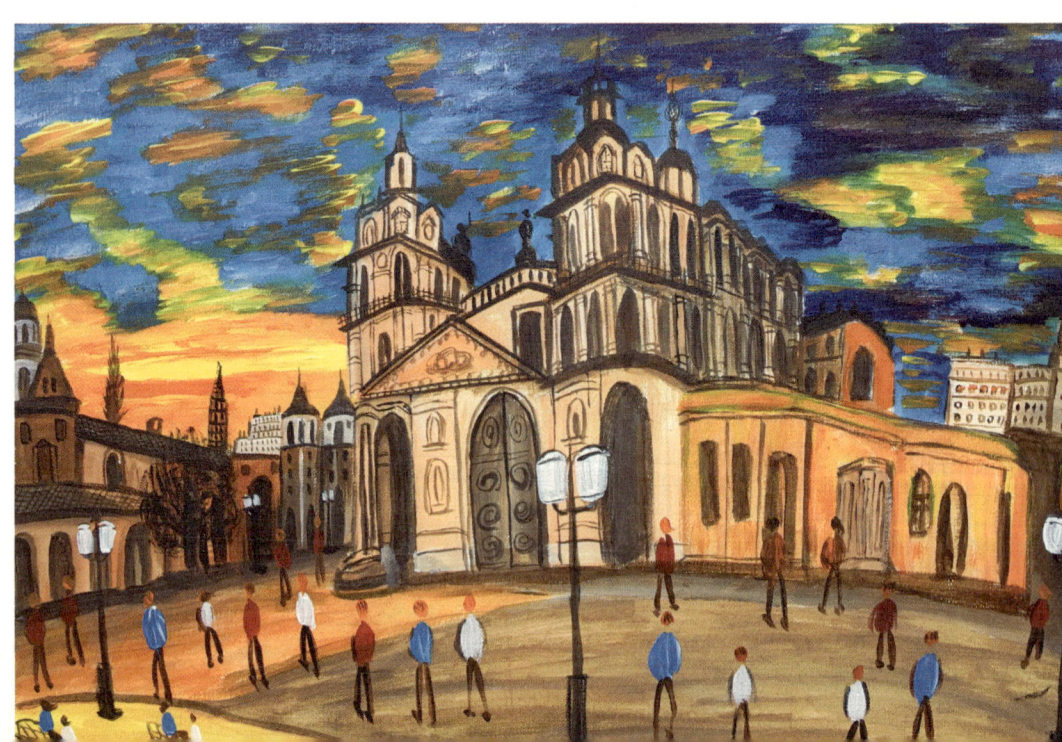

随后,我们漫步在托莱多的大街小巷。用严老师的话就是"窜访",我很喜欢这种方式,可以随意地看大街小巷民居建筑,看托莱多当地居民的生活环境。走累了找个咖啡馆坐下来,点一杯咖啡、两个牛角包,安享一段静谧时光。

托莱多古城最显著的地标建筑就是古城堡,我们住的地方就在古城堡太阳门附近。沿着古城堡底处的古城墙,乘坐电梯,类似地铁站上下电梯,一共5段电梯,垂直高度有一两百米,下到地面再往太阳门方向走。

我们下午近两点驾车从托莱多驶往马德里,车程近百公里,预计行车时间一个半小时,实际行车两小时,周五进入西班牙首都感受到了塞车的滋味,不过比起国内还是好了许多。

今晚有贵客拜访我们，她就是此行西班牙我们的救星——无所不能的娟子！娟子还带来了一位我们学校毕业的美女，现如今从事西班牙足球甲级联赛赛事工作的雪雪。师生见面有说不完的话，看着昔日的学生有这么好的发展，我从心底由衷地高兴，她们赶上了好时代好时光，愿娟子、雪雪在西班牙这块热情似火的土地上收获精彩的人生体验。

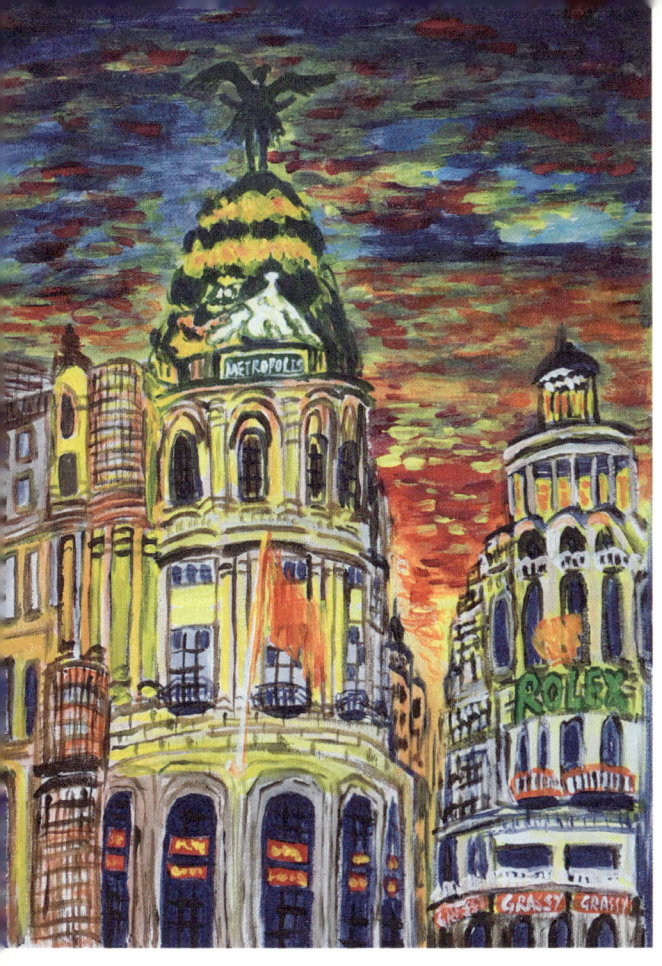

今晚,文文大厨做了丰盛晚餐款待贵客,我们也大饱口福!

今天是马德里艺术之旅一日游，三大经典博物馆普拉多博物馆、提森·波涅米萨博物馆及索菲亚王后国家艺术中心，一网打尽。

到了一国之都必选项目就是绘画艺术之旅，前几天在葡萄牙首都里斯本用了一天的时间参观了两个博物馆，感受颇深。意外惊喜是当日还去了里斯本市中心获得吉尼斯世界纪录"仍在营业的世界最古老书店——贝特朗书店"，在那里待了两三个小时，坐在沙发上一本接一本翻看画册，达·芬奇、莫奈、毕加索，还有一些不太知名画家的画册。

今日9时出门直奔普拉多艺术博物馆，探途显示2.9公里，步行33分钟，我不想乘公交,喜欢沿途溜达看风景。出门几百米就是公园,探途路线直接从公园穿过,太爽了,公园很大,仅仅穿过公园已经走了1000多米。它就是马德里最著名的丽池公园(Retiro Park),17世纪由腓力四世下令兴建,种植的植物超过了一万五千株,园内有许多重要的纪念碑。

公园里有一座美丽的玻璃宫,是以铁和玻璃建造而成的,屋前的喷水池中还有天鹅悠游其中;另外还有一座委拉斯开兹宫,这两个宫殿均建于19世纪末,目前都已经成为展览馆。公园中心有一大型人工湖,岸边停满了游船,此刻湖面平静,四周静悄悄,估计下午来此游玩荡舟的人不少,会是另一番景象。果然,傍晚回家从此经过,湖上荡舟和游园的人众多,加之今天欧洲杯季赛决赛,更是人来人往摩肩接踵。

穿过公园之后,路过马德里证券交易所,平日里繁忙的交易随着周末的到来而一片静寂。对面是一个街心花园,中央矗立着一块方尖碑。转角过去远远就看见一幢建筑,建筑上有"1819—2019"字样,200年历史,那一定是我要找的普拉多艺术博物馆,10时整,售票处已经排起了长蛇阵。

来到马德里,不参观普拉多博物馆,就如同到了北京旅游却没有参观故宫一样。普拉多博物馆作为西班牙最大的美术博物馆,收藏有从14世纪至19世纪来自全欧洲的绘画、雕塑等艺术珍品。委拉斯开兹、戈雅、伦勃朗、提香、鲁本斯、卡拉瓦乔……哪一个名字不是如雷贯耳?!展品多得令人目不暇接,精品之多令我感到异常兴奋、无比震撼!

今日终于在普拉多博物馆看到了所有讲西方艺术史书籍中排在极其重要地位的

委拉斯开兹的巨作《宫娥》。委拉斯开兹在西班牙绘画史上占据着独一无二的地位，无论是从绘画技艺方面还是作品的观赏性上来讲，他都是不折不扣的革新者。在与腓力四世夫妇相处近40年后，委拉斯开兹创作了这幅视角独特的王室"全家福"。

西班牙绘画大师戈雅的《1808年5月3日夜枪杀起义者》，是一幅描绘法军镇压起义者暴行的悲剧性作品，充满了英雄主义的悲壮激昂。后来在索菲亚王后艺术中心看到毕加索

著名的控诉二战时期德军暴行的《格尔尼卡》，画作里最右侧高举双手的绝望的人像，借鉴的正是戈雅的《1808年5月3日夜枪杀起义者》。两位处在不同时代的西班牙画家，同样描绘了绝望的死亡场景，正是艺术，将他们连接在了一起。

从普拉多博物馆出来已经两点过，四个小时一眨眼就过去了。我直接赶去提森·波涅米萨博物馆，该馆主要陈列提森·波涅米萨男爵父子的私人收藏，是世界上最重要的私人收藏博物馆之一。收藏范围非常广泛，从中世纪的古典主义大师到20世纪印象派、后印象派、德国表现主义先锋派及欧美战后绘画作品，一应俱全，平日里大家有所耳闻的大师毕加索、达利、莫奈、梵高、高更、马蒂斯等等的作品应有尽有，看到最后，我都有点审美疲劳了。

5点钟，我又马不停蹄赶到索菲亚王后国家艺术中心博物馆，该馆是马德里的一座国立20世纪美术博物馆。这座美术馆于1992年9月10日正式开馆，主要收藏西班牙艺术品，其亮点是20世纪西班牙两位大师的杰作：巴勃罗·毕加索的《格尔尼卡》，

以及萨尔瓦多·达利的作品。今日二楼有一特展，展出大卫·沃纳洛维奇的艺术作品，涵盖多种艺术媒介，是他十余年来的首次大型专题回顾展。大卫·沃纳洛维奇（1954—1992）是美国画家、摄影师、作家、电影导演与表演艺术家。我非常喜欢他的作品，很有个性和深度，还有一点令我开心的是我们都是半路出家自学的绘画艺术。

一天的三个顶级艺术博物馆就像一天的三顿大餐，食品异常丰盛，但得静下来细细消化，慢慢回味。早晨 9 点出门，晚上 8 点回家，共计 11 个小时，往返回家及各个博物馆之间穿梭步行时间扣掉 3 个小时，在博物馆足足待了 8 个多小时，现在满脑子都是名画巨作。

今日正巧遇上欧冠季赛决赛在马德里举行，两支决赛球队都是英国队，今天算是近距离接触了一下英国队球迷。下午从普拉多博物馆去提森·波涅米萨博物馆时路过一酒店，酒店门外两旁挤满了球迷，估计是哪支球队队员住在这家酒店。正在看热闹，旁边不远处两边球迷就打起来了，完全没有章法地扭打

在一起，那个阵仗吓得我赶快跑开，唯恐避之不及。今天姐妹们购物，我回来后她们出门看热闹去了，我几乎是从博物馆爬回来的，就不奉陪了。

今日五姐妹一起出门乘观光大巴看马德里，参观马德里皇宫、太阳门广场、圣地亚哥·伯纳乌球场。

严先生每天都叮嘱我在马德里要注意安全，我说不要一惊一乍的，马德里安全得很。第一，我们入住的民宿公寓属于富人区，治安很好。第二，楼下十米远就是蔬果食品超市和日用品商店，生活十分方便。第三，位置很好，昨天去市中区看博物馆都在步行范围内，途中穿过丽池公园，完全就是玩。今天市内观光后如果有时间我还准备单独去逛逛丽池公园，享受一下马德里市民的日常生活。

今天五姐妹集体行动，乘地铁三号线转一号

线到中央火车站,再走几百米,在马德里城市现代美术馆对面顺便逛了一下二手书籍市场,纯粹看稀奇并无购买的打算,拍了几张照片还挺有意思的,不知道这个二手书市场仅仅是周日的跳蚤市场,还是平日里也有。凤妹儿突然想起在巴黎跳蚤市场淘二手瓷器的情形,我说没门儿,五个人一辆车大大小小五个行李箱还有软包,早就车满为患了,还想淘二手书?!

红色的城市观光车来了,直奔巴士上层,准备好好欣赏一下马德里的市容市貌。果然不负所望,沿途几乎每一幢建筑都是独一无二的,特别引人瞩目的是那种呈圆形的转角建筑,颜色各异,别致新颖,楼顶还矗立着各种雕塑,我的位置便于拍照,收获丰盛,不少镜头都可入画。看来,今天乘城市旅游巴士看马德里的确是明智之举!

我们的第一目标——马德里皇宫到了,下车排队购票,进入王宫,每人脖

子上都挂了个平板讲解器，边听边看，看了美景也涨了知识。马德里皇宫是仅次于巴黎凡尔赛宫和维也纳美泉宫的欧洲第三大皇宫。这三个皇宫我都参观过，凡尔赛和美泉宫都去过几次，我的感觉是马德里皇宫规模比不上其他两个，但论其精致美观与奢侈一点不比其他两个差。马德里皇宫建于1738年，历时26年才完工，是世界上保存最完整而且最精美的宫殿之一。宫内藏有无数的金银器皿、绘画、瓷器、壁毯及其他皇室用品。它是波旁王朝极具代表性的文化遗迹，在欧洲各国皇宫中名列前茅。当然我最感兴趣的是宫内的绘画收藏，这里涵盖了各种绘画流派画家的作品，其中胡安·德·弗朗德斯的《天主教女王伊萨贝拉的多联画屏》、卡拉瓦乔的《莎乐美和施洗者约翰的头颅》，以及委拉斯开兹和戈雅的作品最为引人注目。

　　皇宫外观呈正方形结构，每边长180米，外观具有卢浮宫的建筑美，内部

198

装潢则是意大利洛可可风格,内外兼修,富丽堂皇。皇宫的对面是西班牙广场,它的正中央矗立着文艺复兴时期著名的西班牙文学大师《堂·吉诃德》作者塞万提斯的纪念碑。纪念碑的下面是堂·吉诃德骑着马和仆人桑丘的塑像。塑像的后面喷泉如注、白鸽飞翔。

我们第二目标位于马德里市中心的马德里太阳门广场,广场呈半圆形,有10条街道呈放射状向外延伸。这里是马德里政治活动中心和商业中心,这儿既是具有历史意义的广场,也是能体现马德里风土人情的地方,同时也是马德

里市民迎接新年钟声的地方。我最感兴趣的是广场一侧邮政大楼门前的人行道上设有一块标为"0起点"的牌子,西班牙全国所有的公路里程碑都从这里开始向外计算,马德里市的门牌号也是以这里为起点的,亲自体验一下站在起点的感觉大约是每一个来马德里游客的选择。

第三目标圣地亚哥·伯纳乌球场是皇家马德里足球俱乐部的主场,也是欧洲五星级足球场,原名新查马丁球场。建成于1947年12月14日,1955年1月4日改为现名,以纪念前皇马俱乐部主席。球场先后承办过1957年、

1969 年、1980 年、2010 年欧冠决赛。1964 年西班牙欧洲杯决赛和 1982 年世界杯足球赛决赛也在此举办。球场最多可容纳八万人，来这里看一场银河战舰的比赛是每个皇马球迷心中的梦想。

我观察了一下来这儿的大多是年轻人，或朋友或情侣，当然推着婴儿车大小几口的一家子也是主力军，大家都说球迷就是这样从小培养出来的。参观线路设计得很人性化，充分满足了所有参观者的好奇心。第一个环节是乘电梯直接上到球场圆形塔顶,从球场最高处俯瞰整个足球场;然后下到中层博物馆看陈列的各种奖杯、球员的球衣球鞋,大屏幕上滚动播出各种重要足球赛事、颁奖实录。我们虽不是球迷,但也被这种氛围深深地感染,好像心跳都加速了一般。然后来到观众席,大家争相坐在座位上享受看球赛的感觉,顺着看台走到对面VIP席,在皮革软座椅上就座,看着太阳照射在绿荫球场上,对面硕大的"Real Madrid"字样,大家异常兴奋。今天花了25欧参观足球场,居然还当了一次VIP看客,就算以后购票来此看球赛也不一定能够买这样的座位,真是很值。

我们就这样一层一层下到地面,一个区域一个区域地体验,替补队员席位坐坐,教练席看看,又来到记者发布会会场,缴费

之后可以去主席台上发表演讲，还有若干拍照区域，缴费即可任选你喜欢的球员和你合影，当然是电子合成而不是真人，再后来还参观了球员的更衣室、冲凉间等私密场所。最后就是纪念品商店，喜欢皇马的人自然少不了要买一堆印有"Real Madrid"的纪念品，我买了一个水杯算是此行纪念。

回家7点过，早已做好的木耳炖鸡、油炸排骨、胡萝卜炒扁豆配米饭，饱了眼福也饱了口福，这样的旅游真是很享受！

从马德里驶往萨拉戈萨,计划参观阿尔哈菲利亚王宫、皮拉尔圣母大教堂、著名建筑设计师扎哈·哈迪德(Zaha Hadid)设计的桥亭。

今日驱车从马德里到萨拉戈萨,Google 地图显示 310 公里,预计行车时间 3 小时 25 分钟。上午去停车场取车,车子在地下车库停了 3 天,在机器上一刷卡,显示 108 欧,38 欧/天,有点贵!以往在其他城市停车基本上都是免费,有两次在马拉加和龙达停车,也不过 21 欧/天。后来上了高速从马德里到萨拉戈萨没交一分钱过路费,想想那天从托莱多到马德里也是分文不取。这样一算,马德里的停车费就不算什么了,西班牙人民还是很慷慨大方的。而且我们常常调侃,再大的数除以五都是小钱!

中午 1 点过我们顺利抵达萨拉戈萨,路上 310 公里路况非常好,只在中途加油站洗了一下车,自动洗车付费 1 欧元,洗 5 分钟,明码标价。和葡萄牙比较起来,葡萄牙加油站洗车分文不收,且不限时间随便洗,大家又说还是葡萄牙人民大气一点。

萨拉戈萨是西班牙第五大城市,是阿拉贡自治区的首府,位于东北部埃布罗河南岸。罗马人、穆斯林人、犹太人和天主教徒都在这里留下他们的历史印迹,多元化成为这座城市的历史遗产。萨拉戈萨现存有古罗马时期的城墙遗址、桥梁遗迹,不同时代的教堂、钟楼、宫殿等。我们的第一目标就是阿尔哈菲利亚王宫。阿尔哈菲利亚王宫,11 世纪由统治西班牙地区的阿拉伯人(摩尔人)初建,后来成为阿拉贡王国基督教国王的宫殿,15 世纪增加了基督教双

王（阿拉贡国王费迪南二世、卡斯蒂利亚女王伊莎贝拉一世夫妇）宫殿以及大厅、长廊等，16世纪扩建了城墙和护城河。圆柱形塔堡，三角形箭垛。后面那个最高的塔楼箭垛都是方方正正的。那些拱形门窗具有与阿尔罕布拉宫极其相似的风格。这种渗透了伊斯兰风格的基督教建筑极富特色，被称作阿拉贡的穆德哈尔式建筑，已被列入《世界遗产名录》。

　　第二目的地是皮拉尔圣母大教堂，它是萨拉戈萨的标志性建筑，由11个圆顶和4座高塔组成的巴洛克教堂。教堂穹顶上及周边的湿壁画，均由西班牙著名画师戈雅所绘。传说公元 40 年,圣母玛利亚在此向圣雅各显圣,并交给他一根柱子,要他以此建造一座教堂。这里真的像是受到了圣母的保佑,在西班牙内战期间,三发炸弹击穿了教堂屋顶,但炸弹却都没有爆炸。此炸弹经过处理后,悬挂在教堂内。今天我们来到教堂时正好有一个礼拜活动,教徒们唱着圣歌,一位主教正在给一个个教徒头上或手上洒着圣水。

皮拉尔圣母大教堂右侧就是圣萨尔瓦多大教堂,大教堂广场前面是西班牙著名画家戈雅的铜雕像。建于 12 世纪至 17 世纪的圣萨尔瓦多大教堂带有早期罗马式教堂的痕迹,其外部的穆德哈尔装饰,是世界瑰宝,属于世界文化遗产。付费 3 欧元即可进入大教堂,相对不付费的圣母大教堂,这里参观的人很少,非常安静。

两大教堂中央为大喷泉广场,广场建于 2008 年"水与可持续发展"为

主题的世界国际博览会时，所创作"断裂的冰山"造型，是带有地图形状的现代化喷泉，构思新颖别致。

　　看完两个教堂已经是晚上7点了，我看到资料介绍2008年萨拉戈萨"水与可持续发展"世博会的标志——泪滴形雕塑是城市象征，由著名建筑设计师扎哈·哈迪德设计的桥亭荣获多项国际大奖，桥身只由三个桥墩支撑，其中一个在河中。看看Google地图显示2.8公里，往返就是5.6公里，加上往返阿尔哈菲利亚宫4.4公里，就是整整10公里了。我一咬牙，去！此次不去更待何时？！终于到了，不负所望，桥亭建筑奇异壮观，世界独

一无二。我终于在倾慕这个鬼才设计师扎哈·哈迪德若干年后亲眼看见了她的大手笔。

特别值得一说的是在萨拉戈萨大喷泉广场的信息服务中心,可以拿到中文游览图,在欧洲或其他区域可不多见。我在信息服务中心见到了两个中国女孩,她们在萨拉戈萨上大学,学的是文化管理,现在在信息服务中心实习。她俩见我是国人很亲热,主动给我介绍萨拉戈萨的历史文化,并推荐观光路线。这次在西班牙自驾,发现许多著名景点都配有中文讲解器。由此可见国人的西班牙游,已经发展到一定规模了。

今日行程从萨拉戈拉到塔拉戈纳，全程227公里，预计行驶2小时21分。中途不知道是因为导航系统出故障的缘故还是我们拐错了道，我们的车驶上了一段盘山路，弯弯绕绕上到山顶，看见路旁一个建筑群很像一个度假村，文文马上把车开进岔道停下来，大家纷纷下车，对着茂密的森林、来往于弯曲山道的车辆、远处山下的村落狂拍一阵。大家的共同感觉就是，只要走错道就会有意外惊喜，简直就是上帝给予我们自驾的最好奖赏。

塔拉戈纳(Tarragona)是西班牙东北部城市，濒临地中海，建于海滨的高岗上。原为伊比利亚人居民点，公元前218年罗马人在此筑城，改建港口，成为要塞。12世纪为阿拉贡王国重镇，商

业繁盛。不知道塔拉戈纳的人口组成情况,但是我们在塔拉戈纳地中海观景台及海滩上见到不少包头巾的穆斯林妇女,有年轻人,也有拖儿带女的妇女,感觉在其他西班牙城市没有见到这么多包头巾的穆斯林妇女。

塔拉戈纳是一座建立在港口上的历史古城,其中最著名的景点是一座古罗马时期就已经建立的水渠,水渠高约27米,长约217米,宽约2米,是西班牙第二大水渠,仅次于塞戈维亚水渠。塔拉戈纳水渠已被列入《世界文化遗产名录》。

塔拉戈纳大教堂，位于塔拉戈纳老城区内最高处，罗马风格的建筑，淡黄色的整体外墙，正门处精美的玻璃窗，墙上精致的人物雕塑，渐入式的大门，内部正厅空间很大，每根石柱顶天立地有6~8人合围那么粗，教堂金碧辉煌神圣庄严，两旁的副厅各种雕塑栩栩如生，尤其那些彩色人物雕塑令人赏心悦目。在教堂里行走有一种肃穆空灵的感觉。

追求浪漫是女人的天性，与年龄无关，我们这群"50后""60后"从内哈尔的"欧洲阳台"一路追到塔拉戈纳的地中海观景台，为的就是一睹地中海的美景，享受地中海的风情。塔拉戈纳市中心的Rambla大街尽头与大海之间有一个落差为40米的悬崖，著名的塔拉戈纳地中海观景台就矗立在悬崖上。站在平台上面向浩瀚无垠的地中海眺望，视野开阔，整个城市美景尽收眼底，碧蓝的地中海与周边的古罗马城墙、古罗马斗兽场融为一体。

世界上每一片海和海滩都不一样，而塔拉戈纳的海是那么温润、那么静谧，拥有令人难以想象的纯粹蓝色，蓝到让人陶醉，让人想融化在这样的蓝色里。今天开车200公里追寻地中海观景台，就是为了在这里欣赏地中海的沙滩、

海浪、海风……前几天文中说过地中海就像一个身着蓝色衣裙含情脉脉的少女，而大西洋像一个拥有宽阔胸襟但有时脾气暴戾的强壮男子，所以，作为女人，我更喜欢蓝色的地中海。

　　西葡自驾就要接近尾声，我们从巴塞罗那驾车沿地中海走到大西洋又回到了地中海。一路走来我都在感慨地中海的美和西班牙曾经的辉煌！这一趟自驾游让我深深地爱上了这儿的土地、这儿的海和这儿的人民！

西班牙自驾游 DAY 19

塔拉戈纳——巴塞罗那——法兰克福

今日是自驾旅程的收官之日。行程90公里，从塔拉戈纳到巴塞罗那，姐妹们乘卡塔尔航空的飞机从巴塞罗那经停多哈回成都，我单独行动乘汉萨航空的飞机从巴塞罗那直飞法兰克福。

一早驾车出发，从塔拉戈纳沿海边行驶，直接去巴塞罗那机场，一个小时后平安抵达。计划先去加油站加油洗车，租车时明文规定满油取车满油还车，所以我们必须加满油再还车。虽然没有说一定要洗车，但是我们拿到车时车辆内外干净整洁，更何况我们因为车被追尾，每天租金400多元的途安换成了每天租金800多元的宝马，所以我们一定要把座驾打理得干干净净再还车，才对得起西班牙租车公司对我们的厚爱！

到达机场 9 时许，我们先开到机场确认还车地点再去加油洗车，正巧遇到租车公司工作人员，问了一下附近加油站往返需要 40 分钟，还要加油洗车估计一个小时以上，我们还车截止时间 10:30，时间稍微有点紧张。经与工作人员确认后只需要补油费，加多少油补多少钱，没有任何其他费用。因为我们前天才洗了车，车辆基本干净，我们再稍做一些整理，交车仪式就此完成。再次感慨西班牙人民的淳朴！

再见巴塞罗那！再见西班牙！我们还会再来！

图书在版编目（CIP）数据

画游西班牙 / 易平凡著. -- 成都：成都时代出版社，2021.2

ISBN 978-7-5464-2708-9

Ⅰ.①画… Ⅱ.①易… Ⅲ.①旅游指南 - 西班牙 Ⅳ.① K955.19

中国版本图书馆 CIP 数据核字（2020）第 216446 号

画游西班牙
HUAYOU XIBANYA

易平凡　著

出 品 人　　李若锋
责任编辑　　张　旭
责任校对　　周　慧
装帧设计　　谢岚清
责任印制　　张　露

出版发行　　成都时代出版社
电　　话　　（028）86621237（编辑部）
　　　　　　（028）86615250（发行部）
网　　址　　www.chengdusd.com
印　　刷　　四川华龙印务有限公司
规　　格　　165mm×230mm
印　　张　　14.25
字　　数　　210 千
版　　次　　2021 年 2 月第 1 版
印　　次　　2021 年 2 月第 1 次印刷
书　　号　　ISBN 978-7-5464-2708-9
定　　价　　48.00 元

著作权所有·违者必究
本书若出现印装质量问题，请与工厂联系。电话：（028）87781035